花城有爱 法护未来

——广州市青少年普法系列丛书

2020年版

共青团广州市委员会
广州市司法局
广州市关心下一代工作委员会
广州市未成年人保护委员会办公室
广东省律师协会未成年人保护法律专业委员会
编著

法律出版社
LAW PRESS·CHINA

图书在版编目(CIP)数据

花城有爱　法护未来 / 共青团广州市委员会等编著
. -- 北京：法律出版社，2020
(广州市青少年普法系列丛书)
ISBN 978-7-5197-5119-7

Ⅰ. ①花…　Ⅱ. ①共…　Ⅲ. ①未成年人保护法—中国—青少年读物　Ⅳ. ① D922.183.5

中国版本图书馆 CIP 数据核字 (2020) 第 219770 号

花城有爱　法护未来
——广州市青少年普法系列丛书
HUACHENG YOU AI　FA HU WEILAI
— GUANGZHOUSHI QINGSHAONIAN PUFA XILIE CONGSHU

共青团广州市委员会等　编著

策划编辑 李　群
责任编辑 董　昱
装帧设计 汪奇峰

出版 法律出版社
总发行 中国法律图书有限公司
经销 新华书店
印刷 中煤(北京)印务有限公司
责任印制 张建伟

编辑统筹 法规出版分社
开本 A5
印张 6.5
字数 120 千
版本 2020 年 11 月第 1 版
印次 2020 年 11 月第 1 次印刷

法律出版社 / 北京市丰台区莲花池西里 7 号(100073)
网址 /www.lawpress.com.cn
投稿邮箱 /info@lawpress.com.cn
举报维权邮箱 /jbwq@lawpress.com.cn
销售热线 /400-660-8393
咨询电话 /010-63939796

中国法律图书有限公司 / 北京市丰台区莲花池西里 7 号(100073)
全国各地中法图分、子公司销售电话：
统一销售客服 /400-660-8393/6393
第一法律书店 /010-83938432/8433　西安分公司 /029-85330678　重庆分公司 /023-67453036
上海分公司 /021-62071639/1636　深圳分公司 /0755-83072995

书号：ISBN 978-7-5197-5119-7　定价：46.00 元

编委会

前　　言

党和国家历来高度重视未成年人保护工作。习近平总书记指出，孩子们成长得更好，是我们最大的心愿。进入新时代，人民群众对未成年人保护的关注已经从“好不好”向“更加好”发展。

我国关于未成年人权益保障的法律体系越发健全，与未成年人有关的法律政策也不断出台与更新。2020 年《中华人民共和国民法典》的颁布以及《中华人民共和国未成年人保护法》的修订，给未成年人的生活和成长带来积极影响。

近年来，我国的未成年人犯罪数量在连续多年下降趋于平稳后有所回升、侵害未成年人犯罪数量呈上升态势。“校园欺凌”“性侵害未成年人”“监护侵害”等与未成年人相关的热点词汇映入大众的视野。

让未成年人知法、懂法、守法、用法，我们责无旁贷。因此，本书以预防未成年人违法犯罪和增强未成年人自我保护意识为主线，分为宪法、民法典、刑法、治安管理处罚法、未成年人保护法、预防未成年人犯罪法、道路交通安全法、消防法、反家庭暴力法以及未成年人相关热点案例分析等十章内容；用以案说法、以案读法、以案释法，配以精美插图的形式，力图贴近孩子们的日常生活、学习、娱乐，让普法更加喜闻乐见。

未成年人是国家和民族的希望，保护未成年人健康成长，功在当代，利在千秋。

让我们一起用“法”呵护未成年人的成长，用“法”为未成年人铸造一片纯净的蓝天。

“花城有爱　法护未来”，一起来，更精彩！

目　　录

第一章　宪　法

第二章　民法典

第三章　刑　法

第四章　治安管理处罚法

第五章 未成年人保护法

第六章 预防未成年人犯罪法

第七章　道路交通安全法

第八章　消防法

第九章 反家庭暴力法

第十章 未成年人相关热点案例分析

花城有爱　法护未来

第一章
宪　法

1. 什么是宪法？

组织法
选举法
刑事诉讼法
民事诉讼法
未成年人
保护法
民法典
消费者权
益保护法
预防未
成年人
犯罪法
消防法
民法商法
诉讼法
经济法
社会法
行政法
刑罚
刑事责任
宪法相关法
刑法
宪法

关联法条

《中华人民共和国宪法》

序言（节录）

本宪法以法律的形式确认了中国各族人民奋斗的成果，规定了国家的根本制度和根本任务，是国家的根本法，具有最高的法律效力。全国各族人民、一切国家机关和武装力量、各政党和各社会团体、各企业事业组织，都必须以宪法为根本的活动准则，并且负有维护宪法尊严、保证宪法实施的职责。

法律解析

宪法是我国的根本大法，拥有最高法律效力，是所有法律的基础，其他法律的制定都必须依据宪法。宪法就好比一棵参天大树的树干，在宪法强壮的树干上生长出来的其他分枝就是刑法、民法、行政法等法律。

2. 宪法赋予人民管理国家的权利

小莉：“妈妈，《新闻联播》说全国人民代表大会在北京召开了，这是什么会议啊？”

妈妈：“让我们打个比方，你们班级45名同学通过民主选举的形式推选出你们的班委，班委代表同学们向老师提出管理班级的建议，例如班级纪律、值日安排等。同理，人民代表大

会由人民民主选举产生，对人民负责，受人民监督；人民通过全国人民代表大会和地方各级人民代表大会来管理国家事务、管理经济和文化事业等，如制定法律、选举国家领导人等。”

关联法条

《中华人民共和国宪法》

第二条　中华人民共和国的一切权力属于人民。

人民行使国家权力的机关是全国人民代表大会和地方各级人民代表大会。

人民依照法律规定，通过各种途径和形式，管理国家事务，管理经济和文化事业，管理社会事务。

法律解析

我国的一切权力属于人民。但是，我国有十几亿之多的人民，不可能每个人直接表达需求，所以要通过民主选举的方式选举出人大代表，由他们来集合人民的意志，再通过召开各级人民代表大会，将人民的意愿集中起来，人民就可以真正地当家作主了。

3. 宪法是人民权利的保障书

案例

小莉："宪法是我们国家的根本大法，会不会距离我们很遥远呢？"

妈妈："宪法距离我们并不遥远。宪法是人民权利的保障书，规定了我们的权利和义务。比如，我们都有受教育的权利，他人不能够阻止我们去上学读书，同时我们也有受教育的义务。"

关联法条

《中华人民共和国宪法》

第三十三条 凡具有中华人民共和国国籍的人都是中华人民共和国公民。

中华人民共和国公民在法律面前一律平等。

国家尊重和保障人权。

任何公民享有宪法和法律规定的权利，同时必须履行宪法和法律规定的义务。

法律解析

人民权利的保障是社会权利、国家权利保障的基础，保障公民权利得以实现是宪法的重要内容。宪法确认和保障公民的基本权利，任何组织和个人都不得非法限制和剥夺宪法规定的权利。同时，国家还建立了以宪法为核心的权利保障体系，全国人民代表大会和全国人民代表大会常务委员会制定了多部法律，确保公民各方面的权利和自由得以实现。但有权利就有义务，人民在享有权利的同时，还必须履行宪法和法律规定的义务。

4. 公共财产与合法私有财产受法律保护

案例

妈妈带小东去故宫游玩，看到有人在红墙上写“到此一游”；小东也想写句话留个纪念。但妈妈严肃地制止：“小东，这是公共财产，而且是名胜古迹，是不可以损毁的！”游玩结束后，妈妈带着小东来到了朋友的四合院。小东想着“刚才是公共财产，这回在朋友家里留个纪念肯定没问题”，正准备下笔的时候，被妈妈拿走了手中的笔。妈妈说：“公共财产和公民的合法私有财产是依法受保护的。”

关联法条

《中华人民共和国宪法》

第十二条　社会主义的公共财产神圣不可侵犯。

国家保护社会主义的公共财产。禁止任何组织或者个人用任何手段侵占或者破坏国家的和集体的财产。

第十三条　公民的合法的私有财产不受侵犯。

国家依照法律规定保护公民的私有财产权和继承权。

国家为了公共利益的需要，可以依照法律规定对公民的私有财产实行征收或者征用并给予补偿。

法律解析

国家保护社会主义公共财产和公民合法的私有财产。任何组织和个人不得采取任何手段侵占或破坏国家和集体、个人的财产。宪法不仅将私有财产权明文规定为公民的基本权利，而且，将私有财产权的平等保障上升为一项重要的宪法原则。但宪法保护的只是公民的合法的私有财产，不合法的财产不予以保护，例如赃款赃物不予以保护。

5. 民族平等

案例

各少数民族在全国人民代表大会都应当有适当名额的代表。中国 2010 年第六次人口普查数据显示，塔塔尔族共有 3556 人，是中国境内人口最少的民族。但是宪法赋予了人民当家作主的权利，选举法也明确规定人口特少的民族也至少应有一名全国人民代表大会代表，这都切实保障了少数民族人民当家作主的权利。

关联法条

《中华人民共和国宪法》

第四条第一款　中华人民共和国各民族一律平等。国家保障各少数民族的合法的权利和利益，维护和发展各民族的平等团结互助和谐关系。禁止对任何民族的歧视和压迫，禁止破坏民族团结和制造民族分裂的行为。

第六十五条第二款　全国人民代表大会常务委员会组成人员中，应当有适当名额的少数民族代表。

《中华人民共和国全国人民代表大会和地方各级人民代表大会选举法》

第十八条　全国少数民族应选全国人民代表大会代表，由全国人民代表大会常务委员会参照各少数民族的人口数和分布等情况，分配给各省、自治区、直辖市的人民代表大会选出。人口特少的民族，至少应有代表一人。

法律解析

民族不分大小一律平等。塔塔尔族虽然人口数量少，但其在全国人民代表大会中依法应当至少有一名代表。这切实保障了少数民族人民当家作主的权利，是我国民族平等原则的具体要求，是各民族政治权利和社会地位平等的具体表现。我国是一个统一的多民族国家，始终坚持民族平等原则。各民族除政治权利平等外，在经济、文化、教育、语言文字等一切社会生活领域也是完全平等的，各民族共同繁荣发展，任何民族不享有特权。

6. 尊重和保障人权

案例

2020年，全球发生了一场突如其来的新冠肺炎疫情。中国政府和人民不畏艰险、同舟共济，打响了一场疫情防控的人民战争。政府出台了一系列政策来保障人民的生命健康权。例如：救助资金统一由国家支付，不需要个人承担；国家迅速建立了火神山、雷神山医院。

关联法条

《中华人民共和国宪法》

第三十三条第三款　国家尊重和保障人权。

《中华人民共和国基本医疗卫生与健康促进法》

第三条第一款　医疗卫生与健康事业应当坚持以人民为中心，为人民健康服务。

第四条第一款　国家和社会尊重、保护公民的健康权。

法律解析

人民的生命健康是最基本的人权。从案例可以看出，在疫情期间，国家始终以人民生命安全和身体健康为中心，将人民的生命健康权保障置于首位，克服各种困难，使我国公民的基本人权得到尊重和保障。我国不惜一切代价维护人民群众的生命安全和身体健康，不仅充分彰显了普遍性人权保障的国际人权法精神，更展示了我国在疫情防控中人民至上、生命至上的人权价值理念。

7. 国家推广全国通用的普通话

案例

一年级入学后，小东发现老师们都用普通话讲课，小东产生了疑问："为什么日常生活中都说粤语，老师上课却说普通话呢？"因为各地有不同的方言，各民族有使用自己语言的权利，这就会导致语言不统一。不统一就可能出现"鸡同鸭讲"的情况。

关联法条

《中华人民共和国宪法》

第十九条第五款　国家推广全国通用的普通话。

《中华人民共和国国家通用语言文字法》

第二条　本法所称的国家通用语言文字是普通话和规范汉字。

第三条　国家推广普通话，推行规范汉字。

第四条第三款　地方各级人民政府及其有关部门应当采取措施，推广普通话和推行规范汉字。

第十条第一款　学校及其他教育机构以普通话和规范汉字为基本的教育教学用语用字。法律另有规定的除外。

《中华人民共和国教育法》

第十二条第一款、第二款　国家通用语言文字为学校及其他教育机构的基本教育教学语言文字，学校及其他教育机构应当使用国家通用语言文字进行教育教学。

民族自治地方以少数民族学生为主的学校及其他教育机构，从实际出发，使用国家通用语言文字和本民族或者当地民族通用的语言文字实施双语教育。

法律解析

我国的通用语言是普通话。小东的老师上课使用普通话而非粤语，是因为普通话是我国教育教学用语，有利于促进老师与学生、学生与学生之间的沟通交流。小东的老师的行为是国家推广全国通用普通话的要求和表现。我国是一个统一的多民族国家，多语言、多方言。语言是重要的交际工具和信息载体。推广普及普通话有利于消除语言隔阂，增进各民族各地区的交流，促进社会经济、政治、文化建设和社会的发展，维护国家统一，增强中华民族凝聚力。

8. 国旗、国歌、国徽

案例

小东在操场上玩耍，妨碍了国旗队的同学训练。老师对他进行了批评教育。小东内心不服，想捉弄国旗队同学。放学之后小东准备用颜料在国旗上涂抹，正好被学校保安发现。保安把小东带到校长室。校长严肃地对小东进行了批评教育。

关联法条

《中华人民共和国宪法》

第一百四十一条第一款　中华人民共和国国旗是五星红旗。

《中华人民共和国国旗法》

第二十三条　在公共场合故意以焚烧、毁损、涂划、玷污、践踏等方式侮辱中华人民共和国国旗的，依法追究刑事责任；情节较轻的，由公安机关处以十五日以下拘留。

法律解析

小东在国旗上涂抹颜料的行为是错误的，违反了《中华人民共和国宪法》和《中华人民共和国国旗法》的规定。国旗、国歌、国徽是国家的象征和标志。每个公民和组织都应当尊重和爱护国旗、国歌、国徽，维护国旗、国歌、国徽的尊严。毁损、涂划国旗的行为，情节严重的将构成侮辱国旗罪。

高高飘扬的五星红旗寄托了中华民族的希望，魂系每一个中国人的未来和命运。从站起来、富起来到强起来，中华民族历尽沧桑，迎来了实现伟大复兴的光明前景！祖国的繁荣昌盛来之不易，我们热爱伟大的祖国，就从尊重和爱护国旗、国歌、国徽做起！

花城有爱　法护未来

第二章
民法典

1. 民法解决什么问题？

民法调整平等主体之间的人身关系和财产关系。区别于“民告官”，民法是“民告民”所适用的法律。一个人从出生到死亡所面临的衣、食、住、行等问题都属于民法调整的范围。例如，我们出生后起名字、去商场买东西、弄伤别人而赔偿医疗费等都归属民法调整。

关联法条

《中华人民共和国民法典》

第二条　民法调整平等主体的自然人、法人和非法人组织之间的人身关系和财产关系。

法律解析

民法是民事领域的基础性、综合性法律，规范人身关系和财产关系。《中华人民共和国民法典》涉及社会和经济生活的方方面面，被称为社会生活的百科全书；分为总则编、物权编、合同编、人格权编、婚姻家庭编、继承编、侵权责任编等；其中，特别制定的“未成年人的监护”等条文，与同学们的日常学习及生活密切相关。

2. 民事主体从事民事活动的公序良俗原则

案例

居委会工作人员说最近收到很多住户的投诉，反映小莉的爷爷用篱笆在门前围建的一个小花园占用了小区的公共通道。居委会工作人员和小莉的爷爷进行沟通，告诉爷爷这样做违反了公共秩序，要求其拆除篱笆。爷爷听从工作人员的意见，及时拆除篱笆，恢复了公共通道的使用。

关联法条

《中华人民共和国民法典》

第八条　民事主体从事民事活动，不得违反法律，不得违背公序良俗。

法律解析

小莉的爷爷占用小区公共通道的行为，违反了公共秩序。“公序良俗”包含了我们通常所说的公共秩序和善良习俗。公共秩序，是指国家社会的存在及其发展所必需的一般秩序。小莉的爷爷占用小区的公共通道围建小花园的行为，破坏了公共秩序，同时又使小区居民的生活和安全受到了一定影响。遵守公共秩序和善良习俗，是民事主体进行民事活动的道德底线。《中华人民共和国民法典》中“不得违背公序良俗”的规定，在法律制度上体现了我国依法治国和以德治国的有机统一。

3. 民事主体的法律地位平等

案例

小花陪妈妈送哥哥去上学，小花疑惑地问妈妈："妈妈，为什么哥哥可以去上学，我不能去上学？是不是因为哥哥年龄比我大，所以哥哥拥有的权利比我多、法律地位比我高呢？"

妈妈说："并不是哦。你和哥哥的法律地位是一样的，只是因为你还没有到上学的年龄。等你到了入学年龄，就可以像哥哥一样去上学了。"

关联法条

《中华人民共和国民法典》

第四条　民事主体在民事活动中的法律地位一律平等。

法律解析

法律规定，民事主体的法律地位平等。在所有的民事活动中，无论是年龄较大的爷爷奶奶和爸爸妈妈、哥哥，还是年龄较小的小花，均具备民事主体资格。爷爷奶奶、爸爸妈妈、哥哥和小花享有的法律地位一律平等，不因年龄大小等因素而区别对待。

4. 民事行为能力

案例

一天，小莉（七周岁）在家里看电视，刚好看到购物频道正在卖按摩椅，想起最近妈妈说腰疼，于是小莉打电话订购了这款昂贵的按摩椅。

五天后，按摩椅送到家里的时候妈妈拒绝收货。经过询问后妈妈才知道了事情的原委。妈妈马上拨通电话联系购物频道的客服，并向客服人员解释：这台按摩椅是孩子自己打电话订的，

小孩子是无民事行为能力人，而且家里不需要按摩椅。妈妈向客服人员提出退货请求。客服人员核实情况后，同意了妈妈的退货请求。

关联法条

《中华人民共和国民法典》

第十九条　八周岁以上的未成年人为限制民事行为能力人，实施民事法律行为由其法定代理人代理或者经其法定代理人同意、追认；但是，可以独立实施纯获利益的民事法律行为或者与其年龄、智力相适应的民事法律行为。

第二十条　不满八周岁的未成年人为无民事行为能力人，由其法定代理人代理实施民事法律行为。

法律解析

小莉七周岁，系无民事行为能力人，需要由其法定代理人代理实施购买行为。如果小莉年满八周岁，则小莉属于限制民事行为能力人，其所做出的购买行为在妈妈同意、追认的情况下，是有效的；否则无效。

5. 撤销监护人资格

案例

小龙的亲生父亲身份不明，小龙自出生以来一直和母亲生活。多年来，小龙的母亲有过几次不成功的婚姻，对小龙疏于管教还殴打小龙，导致小龙全身都是伤疤。

当地政府、妇联、村委会工作人员及派出所民警多次对小龙的母亲进行批评教育。但她一直不思悔改，反而变本加厉地用小刀划伤了小龙的身体。

后来，村委会以小龙母亲长期对小龙的虐待行为已严重影响小龙的身心健康为由，向法院提出请求依法撤销小龙母亲对小龙监护人资格的申请。

关联法条

《中华人民共和国民法典》

第三十六条　监护人有下列情形之一的，人民法院根据有关个人或者组织的申请，撤销其监护人资格，安排必要的临时监护措施，并按照最有利于被监护人的原则依法指定监护人：

（一）实施严重损害被监护人身心健康的行为；

（二）怠于履行监护职责，或者无法履行监护职责且拒绝将监护职责部分或者全部委托给他人，导致被监护人处于危困状态；

（三）实施严重侵害被监护人合法权益的其他行为。

本条规定的有关个人、组织包括：其他依法具有监护资格的人，居民委员会、村民委员会、学校、医疗机构、妇女联合会、残疾人联合会、未成年人保护组织、依法设立的老年人组织、民政部门等。

前款规定的个人和民政部门以外的组织未及时向人民法院申请撤销监护人资格的，民政部门应当向人民法院申请。

法律解析

小龙母亲是小龙的法定监护人，依法应当履行保护小龙的义务。但她不仅没有尽责，还长期虐待小龙，对小龙的身心健康造成了严重的影响。面对类似情况，同学们要了解以下几点，学会自我保护：

（1）在受到监护人侵害时应及时向其他监护人、村（居）民委员会、学校、民政部门等反映情况，寻求帮助。在不知道该找谁时也可以打 110 报警求助。

（2）监护资格是可以被撤销的，所以被监护人要敢于对监护人的侵害行为说“不”。

（3）民政部门是申请撤销监护人资格的兜底保障。在其他部门不作为的情况下，民政部门应当向法院申请撤销监护权。

6.未成年人如何承担民事赔偿责任

案例

小天和小莉是同班同学。在课间的时候，同学们一起在玩“123 木头人”的游戏。小天为了成为第一个胜出者，便使出九牛二虎之力奔向小莉，但没想到把小莉撞倒在地伤了腿。

老师知道后便打电话通知了小莉的父母。他们带小莉去医院进行了治疗，医疗费花了 2000 元。

两天后，小天的父母带着小天来到小莉家，让小天好好向小莉道歉，同时拿了小天 2000 元的压岁钱给了小莉父母以赔偿小莉的医疗费。

关联法条

《中华人民共和国民法典》

第一千一百八十八条 无民事行为能力人、限制民事行为能力人造成他人损害的，由监护人承担侵权责任。监护人尽到监护职责的，可以减轻其侵权责任。

有财产的无民事行为能力人、限制民事行为能力人造成他人损害的，从本人财产中支付赔偿费用；不足部分，由监护人赔偿。

法律解析

未成年人造成他人损害，也是要承担法律责任的。因此，同学之间相处不可任性妄为，同时每个人要学会自我保护。要做到以下几点：

（1）与他人玩耍时要注意分寸，要有安全意识。

（2）不小心造成他人伤害或者被他人伤害时，应该第一时间向学校老师或父母报告。

（3）做错事要勇于承认，做个诚实的孩子。

7. 诉讼时效

案例

小马在一年级期末时，被隔壁班的小强打伤了左眼。本以为没什么事就没跟家里人说，但小马在四年级入学体检时发现左眼视力下降得非常严重，小马才把当年的事情告诉了爸爸妈妈。小马的爸爸妈妈马上联系小强的家长，并开始协商索取赔偿。但小强家长认为小马的诉求已经超过了诉讼时效，拒不赔付。无奈之下，小马的爸爸妈妈向人民法院起诉。经人民法院释明，

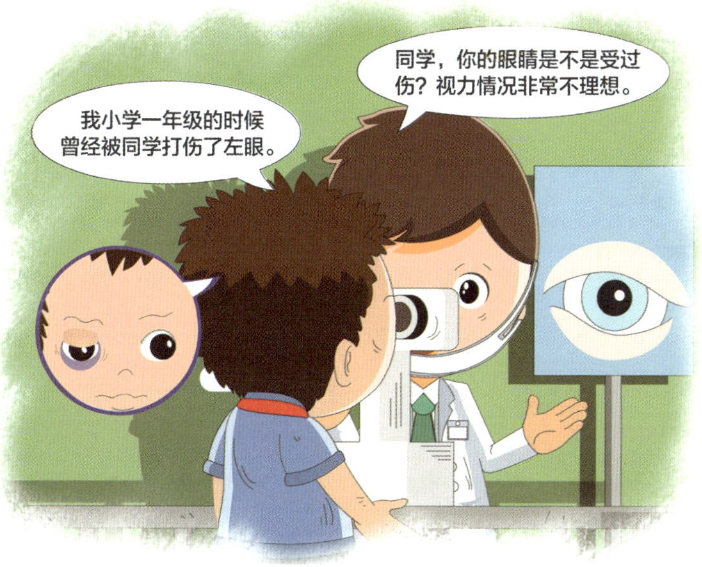

按照法律规定诉讼时效为三年，目前尚未超出诉讼时效。在法院主持下，双方达成和解协议。

关联法条

《中华人民共和国民法典》

第一百八十八条　向人民法院请求保护民事权利的诉讼时效期间为三年。法律另有规定的，依照其规定。

诉讼时效期间自权利人知道或者应当知道权利受到损害以及义务人之日起计算。法律另有规定的，依照其规定。但是，自权利受到损害之日起超过二十年的，人民法院不予保护，有特殊情况的，人民法院可以根据权利人的申请决定延长。

法律解析

诉讼时效制度的确立有利于促使权利人及时行使权利，也在一定程度上督促了侵权人履行法律责任。法律是公平的。每个人既不要滥用权利也不要怠于行使权利，否则权利最终将得不到法律保护。因此，当同学们的权利受到侵害时，应当及时行使权利。

8. 父母与子女之间的义务

案例

小东的父母工作繁忙，早出晚归，除了照顾小东还要照顾家里的老人，非常辛苦。小东在生日那天许下心愿：希望爸妈健康，我以后一定孝顺他们，好好照顾他们。

关联法条

《中华人民共和国宪法》

第四十九条第三款　父母有抚养教育未成年子女的义务，成年子女有赡养扶助父母的义务。

《中华人民共和国民法典》

第二十六条　父母对未成年子女负有抚养、教育和保护的义务。

成年子女对父母负有赡养、扶助和保护的义务。

法律解析

尊老爱幼自古就是中华民族的优良传统。我国法律将其融入其中：在子女未成年时，父母对未成年子女负有抚养、教育、保护的义务；子女长大成人后，对父母也有赡养、扶助、保护的义务。这些义务，不仅仅是道德义务，更是法定义务。

“谁言寸草心，报得三春晖。”同学们要弘扬中华民族传统美德，争当孝顺父母的新时代好少年！

花城有爱　法护未来

第三章
刑　法

1. 刑法的目的

案例

小刘（16周岁）寒假期间在网络上无意中浏览到一些关于传授入侵他人电脑技术、教做外挂及教他人用代码开通永久会员等的虚假信息，并通过聊天软件与骗子取得联系。

随后小刘用父亲的“支付宝”向骗子支付了学费，并从骗子处购买了与宣传不符或不能使用的代码及电脑技术教程，小刘共被骗取十多万元。

案发后，骗子向小刘退还全部经济损失，并被法院判处有期徒刑3年，罚款5000元。

关联法条

《中华人民共和国刑法》

第一条 为了惩罚犯罪，保护人民，根据宪法，结合我国同犯罪作斗争的具体经验及实际情况，制定本法。

第二条 中华人民共和国刑法的任务，是用刑罚同一切犯罪行为作斗争，以保卫国家安全，保卫人民民主专政的政权和社会主义制度，保护国有财产和劳动群众集体所有的财产，保护公民私人所有的财产，保护公民的人身权利、民主权利和其他权利，维护社会秩序、经济秩序，保障社会主义建设事业的顺利进行。

法律解析

刑法的目的是惩罚犯罪、保护人民。案例中骗子依法承担刑事责任并接受刑事处罚，体现了刑法惩罚犯罪、保护公民私人所有的财产的立法目的、任务。

“天网恢恢，疏而不漏”，千万不要做违法犯罪的事。同时，青少年要对网络保持警惕，安全上网、绿色上网、文明言行，不轻信网络信息，发现问题及时报告家长、老师，切实保障自身安全！

2. 罪刑法定原则

案例

期中考试到了，平时只顾着玩耍没有好好复习的小明一筹莫展，害怕考试不及格回家又要挨爸爸的批评。考试时，小明偷看了同桌的答案被坐在后面的小敏发现了，小敏批评他偷看别人的答案是犯了“作弊罪”。后来，班里的小骚动传到了老师的耳朵里。老师找来了小明，跟小敏解释：这不属于犯罪，

但违反了学校的规章制度；“作弊罪”不是法律规定的罪名，我们不能自己创设罪名；小明需要接受学校做出的教育惩戒。

关联法条

《中华人民共和国刑法》

第三条　法律明文规定为犯罪行为的，依照法律定罪处刑；法律没有明文规定为犯罪行为的，不得定罪处刑。

法律解析

刑法是规定犯罪和刑罚的法律，是法律中的最后一道防线。必须遵循“法无明文规定不为罪，法无明文规定不处罚”。刑法的适用具有谦抑性，只有某些严重违反秩序的行为才必须承担刑事责任，一些轻微违法或是违反秩序的行为可以通过刑法以外的方式予以规制。例如，闯红灯的违法行为可通过《中华人民共和国道路交通安全法》予以惩治，而无须适用刑法。

“勿以恶小而为之，勿以善小而不为。”青少年要尊法、学法、守法、护法、用法，培养良好习惯，践行社会责任，争做新时代有为青年！

3. 法律面前人人平等

案例

《新闻联播》是小东一家每日饭后时间必看的节目。前几日，节目又播送了一则高官落马的新闻。

小东感叹：“国家官员权力那么大，收受贿赂一旦被发现也要严惩呀？”

爸爸说：“是的，法律面前人人平等嘛！”

关联法条

《中华人民共和国刑法》

第四条　对任何人犯罪，在适用法律上一律平等。不允许任何人有超越法律的特权。

法律解析

不管是平民百姓还是国家机关工作人员，只要违法犯罪了就要接受法律的惩罚，不会因为身份地位的不同而区别对待，公民在适用法律上是一律平等的。在法律面前，不允许任何公民享有法律以外的特权。对违法行为一律依法予以追究，决不允许任何违法犯罪分子逍遥法外。

4. 故意犯罪与过失犯罪

案例

小东和爷爷奶奶一起去荔枝园摘荔枝。园里有位阿姨把地上的落叶扫成一堆，然后突然蹲下身子，掏出打火机准备点燃这堆落叶。

小东赶紧拍拍阿姨肩膀说：“阿姨，要确保火熄灭了才可以走，不然一不小心烧了整个荔枝园，即使不是故意放火也构成犯罪哦。”

关联法条

《中华人民共和国刑法》

第十四条　明知自己的行为会发生危害社会的结果，并且希望或者放任这种结果发生，因而构成犯罪的，是故意犯罪。

故意犯罪，应当负刑事责任。

第十五条　应当预见自己的行为可能发生危害社会的结果，因为疏忽大意而没有预见，或者已经预见而轻信能够避免，以致发生这种结果的，是过失犯罪。

过失犯罪，法律有规定的才负刑事责任。

法律解析

犯罪分为故意犯罪和过失犯罪。本案中，如果阿姨明知自己点火会发生火灾，且希望或者放任这种结果发生，应当以放火罪定罪处罚。如果阿姨明知火未完全熄灭，但抱着不会发生火灾的侥幸想法离开而导致发生火灾，应当以失火罪定罪处罚。

5. 刑罚的种类

案例

放学后，小莉和小仪一起坐公交车回家。坐在前排的小莉正打算转身跟小仪说话，却正好看见有人偷偷摸摸地把手伸进小仪的口袋里偷手机。聪明的小莉悄悄离开座位，走向了司机，并跟司机说有人偷东西。司机马上把车开往最近的派出所，警察把小偷制伏。最终，法院判处小偷有期徒刑 2 年，并判处罚金 1000 元。

关联法条

《中华人民共和国刑法》

第三十二条　刑罚分为主刑和附加刑。

第三十三条　主刑的种类如下：

（一）管制；

（二）拘役；

（三）有期徒刑；

（四）无期徒刑；

（五）死刑。

第三十四条　附加刑的种类如下：

（一）罚金；

（二）剥夺政治权利；

（三）没收财产。

附加刑也可以独立适用。

第三十五条　对于犯罪的外国人，可以独立适用或者附加适用驱逐出境。

法律解析

刑罚是对罪犯一定权益的限制和剥夺。刑罚必然会给罪犯带来身体的、精神的或财产的剥夺性痛苦，这种痛苦相对于其他法律制裁措施而言，无疑是最强烈的。它不仅可以剥夺犯罪人的政治权利、财产权利，而且还可以限制或剥夺犯罪人的人身自由，甚至可以剥夺犯罪人的生命。

6. 刑事责任年龄

小明读初三。为了赚取买最新款手机的钱，答应了校外的陌生人帮忙卖“零食”。所谓的“零食”其实是毒品。后来小明被公安机关抓捕了。

关联法条

《中华人民共和国刑法》

第十七条　已满十六周岁的人犯罪，应当负刑事责任。

已满十四周岁不满十六周岁的人，犯故意杀人、故意伤害致人重伤或者死亡、强奸、抢劫、贩卖毒品、放火、爆炸、投毒罪的，应当负刑事责任。

已满十四周岁不满十八周岁的人犯罪，应当从轻或者减轻处罚。

因不满十六周岁不予刑事处罚的，责令他的家长或者监护人加以管教；在必要的时候，也可以由政府收容教养。

第三百四十七条第一款　走私、贩卖、运输、制造毒品，无论数量多少，都应当追究刑事责任，予以刑事处罚。

法律解析

小明的行为已经构成贩卖毒品罪。但小明是否应承担刑事责任应根据其实施行为时的年龄来判断。根据《中华人民共和国刑法》对刑事责任年龄的规定，若小明在犯罪时未满 14 周岁，则对其不予刑事处罚；若小明在犯罪时已满 14 周岁，基于其行为是贩卖毒品，故其应承担刑事责任；若小明已满14周岁未满18周岁，则应当对小明予以从轻或减轻处罚。

青少年之所以犯罪，与其法律知识浅薄、法律意识淡薄有很大关系。同学们可以通过法制类的电视节目、阅读法律类书籍丰富自己的法律知识、增强法律意识，不要在自己青春的画布上留下灰色的一笔！

7. 危害国家安全罪

案例

暑假了，爱好摄影的小东想去旅游，但又想做点兼职存钱买自己想买的东西。于是小东便在网上找到了一份兼职，工作的内容是到指定的地点拍照。这样既能到处走走又能赚钱，简直是一举两得。

因为去的地方较远，小东出发前跟爸爸说了一下。爸爸很惊讶小东为什么要去那里，小东便如实回答了。爸爸脸色大变并阻止小东："那个人可能是间谍！不能去那儿拍照！那边是军事基地，你拍了照片给那个人你可能就犯罪了！"

关联法条

《中华人民共和国刑法》

第一百一十条　有下列间谍行为之一，危害国家安全的，处十年以上有期徒刑或者无期徒刑；情节较轻的，处三年以上十年以下有期徒刑：

（一）参加间谍组织或者接受间谍组织及其代理人的任务的；

（二）为敌人指示轰击目标的。

法律解析

如果委托小东拍照的人是间谍，小东接受其财物并按照其指示拍照，就涉嫌触犯间谍罪了。由于未成年人社会经历较少，不少不法分子向未成年人伸出魔爪，利用未成年人做违法犯罪的事情。面对不法分子的不法企图，未成年人要明辨是非，做好以下几点：

（1）不轻信网络信息及陌生人，不被利益所诱惑。

（2）遇事多与家长、老师交流，询问他们的意见和经验。

（3）一旦发现身边有不法行为，要立刻举报。不让犯罪分子有可乘之机。

8. 常见未成年人被侵害案件和未成年人犯罪类型

根据最高人民检察院于2020年6月1日发布的《未成年人检察工作白皮书（2014—2019）》数据显示，2014年至2019年，检察机关受理审查起诉未成年犯罪嫌疑人数量居前六位的罪名、人数分别是盗窃罪、抢劫罪、故意伤害罪、聚众斗殴罪、寻衅滋事罪、强奸罪，这六类犯罪嫌疑人数量占全部犯罪人数的82.28%。

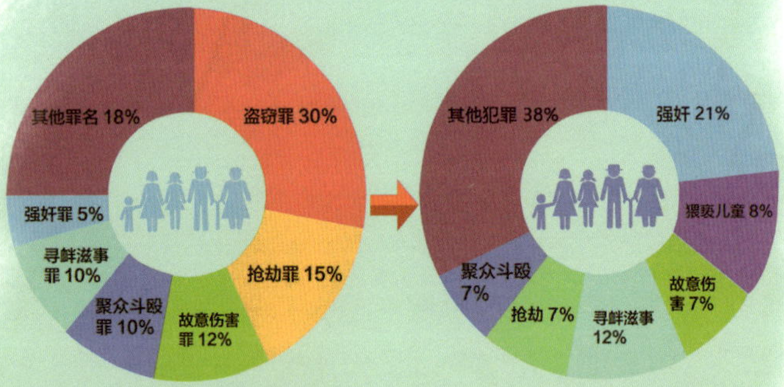

2014—2019年受理审查起诉未成年人涉嫌主要罪名走势

2019年侵害未成年人犯罪主要罪名

白皮书数据显示，侵害未成年人犯罪多发高发，性侵害、暴力伤害未成年人等问题突出。2019年，同期猥亵儿童、聚众斗殴犯罪人数大幅上升，居前六位的分别是强奸、寻衅滋事、猥亵儿童、抢劫、聚众斗殴、故意伤害。这六类犯罪占提起公诉总人数的62.22%，全部为暴力性质犯罪。

关联法条

《中华人民共和国刑法》

第二百三十四条第一款　故意伤害他人身体的，处三年以下有期徒刑、拘役或者管制。

第二百三十六条　以暴力、胁迫或者其他手段强奸妇女的，处三年以上十年以下有期徒刑。

奸淫不满十四周岁的幼女的，以强奸论，从重处罚。

强奸妇女、奸淫幼女，有下列情形之一的，处十年以上有期徒刑、无期徒刑或者死刑：

（一）强奸妇女、奸淫幼女情节恶劣的；

（二）强奸妇女、奸淫幼女多人的；

（三）在公共场所当众强奸妇女的；

（四）二人以上轮奸的；

（五）致使被害人重伤、死亡或者造成其他严重后果的。

第二百三十七条　以暴力、胁迫或者其他方法强制猥亵他人或者侮辱妇女的，处五年以下有期徒刑或者拘役。

聚众或者在公共场所当众犯前款罪的，或者有其他恶劣情节的，处五年以上有期徒刑。

猥亵儿童的，依照前两款的规定从重处罚。

第二百六十三条　以暴力、胁迫或者其他方法抢劫公私财物的，处三年以上十年以下有期徒刑，并处罚金；有下列情形之一的，处十年以上有期徒刑、无期徒刑或者死刑，并处罚金或者没收财产：

（一）入户抢劫的；

（二）在公共交通工具上抢劫的；

（三）抢劫银行或者其他金融机构的；

（四）多次抢劫或者抢劫数额巨大的；

（五）抢劫致人重伤、死亡的；

（六）冒充军警人员抢劫的；

（七）持枪抢劫的；

（八）抢劫军用物资或者抢险、救灾、救济物资的。

第二百六十四条　盗窃公私财物，数额较大的，或者多次盗窃、入户盗窃、携带凶器盗窃、扒窃的，处三年以下有期徒刑、拘役或者管制，并处或者单处罚金；数额巨大或者有其他严重情节的，处三年以上十年以下有期徒刑，并处罚金；数额特别巨大或者有其他特别严重情节的，处十年以上有期徒刑或者无期徒刑，并处罚金或者没收财产。

第二百九十二条　聚众斗殴的，对首要分子和其他积极参加的，处三年以下有期徒刑、拘役或者管制；有下列情形之一的，对首要分子和其他积极参加的，处三年以上十年以下有期徒刑：

（一）多次聚众斗殴的；

（二）聚众斗殴人数多，规模大，社会影响恶劣的；

（三）在公共场所或者交通要道聚众斗殴，造成社会秩序严重混乱的；

（四）持械聚众斗殴的。

聚众斗殴，致人重伤、死亡的，依照本法第二百三十四条、第二百三十二条的规定定罪处罚。

第二百九十三条　有下列寻衅滋事行为之一，破坏社会秩序的，处五年以下有期徒刑、拘役或者管制：

（一）随意殴打他人，情节恶劣的；

（二）追逐、拦截、辱骂、恐吓他人，情节恶劣的；

（三）强拿硬要或者任意损毁、占用公私财物，情节严重的；

（四）在公共场所起哄闹事，造成公共场所秩序严重混乱的。

纠集他人多次实施前款行为，严重破坏社会秩序的，处五年以上十年以下有期徒刑，可以并处罚金。

青少年时期是身心发育的关键时期，也是形成世界观、人

生观的关键时期。在此阶段，青少年要积极了解常见的未成年人被侵害案件和未成年人犯罪类型，学会保护自己。另外，未成年人应借助社会力量，充分利用法律资源。遇到困难或者疑惑的时候，多向学校的老师、法律援助中心、青少年服务热线求助。

第四章
治安管理处罚法

1. 治安处罚的目的

小莉和妈妈周末去超市买东西。准备结账时发现只有两条付款通道，而且因为周末人多排起了长龙。小莉上前看发现有小孩子被购物车撞倒在地了，家属一直在闹事妨碍了其他顾客付钱。

小莉的妈妈走上前跟他们说："请你们先到旁边协商沟通或者报警处理，不要妨碍后面的顾客结账！"

家属生气地说："为什么报警，我又没犯法！"

小莉的妈妈说："但您这是扰乱公共秩序哦。"

关联法条

《中华人民共和国治安管理处罚法》

第一条 为维护社会治安秩序，保障公共安全，保护公民、法人和其他组织的合法权益，规范和保障公安机关及其人民警察依法履行治安管理职责，制定本法。

法律解析

扰乱公共秩序的行为是指扰乱了国家对公共秩序管理的行为。案例中孩子的家属在超市闹事而阻碍他人结账的行为已经扰乱了公共秩序，理应受到处罚。在现实生活中，如果遇到纠纷无法解决，应当理智沟通，或者向警察求助，千万不能为了一己私利而不顾公共秩序，甚至违反了法律而不自知。请同学们遵纪守法，做个守法小公民。

2. 治安处罚的种类

案例

妈妈和小东饭后在小区散步，发现有名男子正拿着小刀在别人家外墙上刻广告信息。

小东问妈妈：“这个叔叔是不是在破坏私人财产，我们应该怎么做呢？”妈妈闻声后迅速向周边正在巡逻的警察举报，警察同志很快到场处理了。最后该名男子因损坏私人财物，被公安机关判处罚款和拘留。

关联法条

《中华人民共和国治安管理处罚法》

第十条 治安管理处罚的种类分为：

（一）警告；

（二）罚款；

（三）行政拘留；

（四）吊销公安机关发放的许可证。

对违反治安管理的外国人，可以附加适用限期出境或者驱逐出境。

法律解析

该名男子未经别人同意擅自在别人家的外墙上刻字，侵犯了他人财产，应当受到法律制裁。如果同学们在生活中发现有违法犯罪的可疑人员，应尽量避免与可疑人员发生正面冲突，可以把情况告诉家长和老师或打电话报警求助。同学们也要谨记爱护公私财物，不得故意毁坏。

3. 行政责任年龄

案例

疫情隔离期间，除了上网课以外，小明偶尔也会上网看看微博。某日，小明看见一名用户在微博上说小明居住的小区疫情严重、不受控制，但实际上小区并不存在这样的情况。小明在网上举报了这名散布谣言的用户。

几天后，小明收到反馈说散布谣言者已经找到。尽管散布谣言者是已满 14 周岁未满 18 周岁的未成年人，但也会依据法律对其进行罚款 300 元的行政处罚。

关联法条

《中华人民共和国行政处罚法》

第二十五条　不满十四周岁的人有违法行为的，不予行政处罚，责令监护人加以管教；已满十四周岁不满十八周岁的人有违法行为的，从轻或者减轻行政处罚。

法律解析

谣言会扰乱社会秩序，散布者理应受到处罚。我们拥有言论自由的权利，但言论自由绝不是谣言自由，每个人都应该为自己说的话负责。案例中的未成年人心智尚未成熟，法律会给予其改过的机会，处罚会从轻或减轻但不会免除，年龄不是挡箭牌。希望同学们能好好学习，学法守法用法，在面对不义之行、不当之举的时候勇于拿起法律武器捍卫权益。

4. 妨害公共安全的行为和处罚

案例

周末，最近在学习摄影的小伟约了几个小伙伴一起到景色优美的铁路边练习拍照。小伟为了拍出有个性的照片，建议小伙伴们爬上安全标志杆拍照。小伙伴不小心把安全标志杆折断。

附近的铁路巡警看到后，把小伟一行人批评了一番，并

因他们损毁铁路设施设备的行为而对他们进行了500元罚款的处罚。

关联法条

《中华人民共和国治安管理处罚法》

第三十五条　有下列行为之一的，处五日以上十日以下拘留，可以并处五百元以下罚款；情节较轻的，处五日以下拘留或者五百元以下罚款：

（一）盗窃、损毁或者擅自移动铁路设施、设备、机车车辆配件或者安全标志的；

（二）在铁路线路上放置障碍物，或者故意向列车投掷物品的；

（三）在铁路线路、桥梁、涵洞处挖掘坑穴、采石取沙的；

（四）在铁路线路上私设道口或者平交过道的。

法律解析

小伟一行人过失损毁铁路安全标志杆的行为违反了《中华人民共和国治安管理处罚法》，是妨害社会公共安全的行为，应当承担相应的法律责任。同学们在外出结伴玩耍时需要注意，尽量避开铁路、列车、桥梁、涵洞等公共设施，以免因为不小心而造成影响交通运输安全的后果。若由于破坏设备的行为致使交通工具发生倾覆、毁坏危险，则可能要承担破坏交通设备的刑事责任。

第五章

未成年人保护法

1. 预防未成年人犯罪和维护未成年人权益是政府各部门的共同职责

案例

最近，学校组织全班同学参加未成年人普法课件大赛决赛活动，由同学们作为学生评委进行评分。到达现场时，小东发现活动主办单位分别有公安、法院、检察院、司法局、教育局、共青团等多个单位，小东就问老师：“老师，除了教育局以外，其他主办单位好像离我们很遥远，它们跟我们有什么关系吗？”

老师解释说："未成年人是祖国的花朵。在我国，政府各部门都需要在自己的工作范围内做好保护未成年人的工作，保护未成年人健康成长。例如，老师会做好教书育人的工作，公检法司会严厉打击侵害未成年人权益的犯罪行为，共青团会做好预防未成年人犯罪和未成年人权益维护的工作。所以这些部门都跟未成年人息息相关。"

关联法条

《中华人民共和国未成年人保护法》

第六条第一款 保护未成年人，是国家机关、武装力量、政党、人民团体、企业事业单位、社会组织、城乡基层群众性自治组织、未成年人的监护人以及其他成年人的共同责任。

法律解析

我们经常会听到"谁家孩子谁家管"这样一句话，其实这句话是不全面的。"幼吾幼以及人之幼。"未成年人保护是全社会共同的事情，是从地方到中央、从基层职能部门到中央政府的事情，是从家庭到学校、到社会的事情！国家把保护未成年人的工作落实到了每个职能部门，给予未成年人全方位多方面的保护！

2. 保护未成年人是全社会的责任

案例

小莉期末考试成绩不如意。小莉感到很沮丧，跟哥哥小东说："哥哥，怎么办，这次期末考试我考得很差，我很担心自己以后跟不上课，我也很担心妈妈和老师批评我！"

小东说："失败乃成功之母。这只是你人生中的一个小挫折，你要勇敢面对，吸取教训。如果你没办法排解压力，你可以拨打 12355 广州青少年服务台的电话。上次的普法课上，老师说，遇到问题或者有心理咨询需求可以打这个电话，有社工姐姐和哥哥能够为我们提供帮助。"

《中华人民共和国未成年人保护法》

第十条　共产主义青年团、妇女联合会、工会、残疾人联合会、关心下一代工作委员会、青年联合会、学生联合会、少年先锋队以及其他人民团体、有关社会组织，应当协助各级人民政府及其有关部门、人民检察院、人民法院做好未成年人保护工作，维护未成年人合法权益。

成长的过程中，总会遇到各种烦恼和困难，甚至会遇到各种危险，未成年人要学会运用法律保护自己。除了报警电话 110

以外，共产主义青年团、妇女联合会都开设了未成年人保护热线。例如，12355是由共青团中央设立的青少年心理咨询和法律援助热线电话，我们可以通过拨打12355获得专业法律咨询、心理疏导和及时的困难救助；也可以登录团中央权益部网站或关注相关微信公众号直接向法律、心理专家进行咨询和求助。

3. 关注未成年人身心健康，尊重其受教育的权利

案例

小刚（15周岁）的父母是A市的外来务工人员，由于忙于工作，疏于照顾和教育小刚。小刚的学习一直跟不上。后来小刚的父母认为让他继续到学校上学也不会有前途，便让小刚去家附近的超市当收银员。就在这期间，小刚结识了一些不良青年，学会了吸烟、喝酒、赌博等。小刚的父母知道了也没有加以管教，最终小刚因为贩卖毒品被人民法院判刑了。

《中华人民共和国未成年人保护法》

第十七条　未成年人的父母或者其他监护人不得实施下列行为：

（一）虐待、遗弃、非法送养未成年人或者对未成年人实施家庭暴力；

（二）放任、教唆或者利用未成年人实施违法犯罪行为；

（三）放任、唆使未成年人参与邪教、迷信活动或者接受恐怖主义、分裂主义、极端主义等侵害；

（四）放任、唆使未成年人吸烟（含电子烟，下同）、饮酒、赌博、流浪乞讨或者欺凌他人；

（五）放任或者迫使应当接受义务教育的未成年人失学、辍学；

（六）放任未成年人沉迷网络，接触危害或者可能影响其身心健康的图书、报刊、电影、广播电视节目、音像制品、电子出版物和网络信息等；

（七）放任未成年人进入营业性娱乐场所、酒吧、互联网上网服务营业场所等不适宜未成年人活动的场所；

（八）允许或者迫使未成年人从事国家规定以外的劳动；

（九）允许、迫使未成年人结婚或者为未成年人订立婚约；

（十）违法处分、侵吞未成年人的财产或者利用未成年人牟取不正当利益；

（十一）其他侵犯未成年人身心健康、财产权益或者不依法履行未成年人保护义务的行为。

法律解析

父母是未成年人的法定监护人，是未成年人人生中的第一任老师，对孩子的成长和发展影响深远。首先，小刚的父母不能剥夺未成年人接受义务教育的权利，不能让小刚辍学而去工作；其次，父母作为小刚的监护人，应当关注他的身心情况，教育小刚谨慎交友、培养健康积极的兴趣爱好，预防和制止小刚吸烟、酗酒、流浪、沉迷网络以及赌博、吸毒、卖淫等。

4. 父母外出务工前要对子女进行妥善安置

案例

小风的父母是A市的外来务工人员。但小风没能随父母到城市生活和学习，而是留在老家，并且要照顾年仅五周岁的弟弟。某天，小风担心弟弟肚子饿了，便忙前忙后地准备晚餐，让弟弟一个人玩着。忽然间，小风听到弟弟哇哇大哭便立马跑去，发现弟弟从桌上摔到地上磕破了额头。小风赶紧跑去隔壁找邻居帮忙，邻居立即把弟弟送去卫生站进行包扎。

后来，村委会知道小风家的情况以后，联系了小风的父母，对二人进行了劝诫，告诉他们不能把两个孩子单独留在家中。考虑到实际情况，小风的父母综合各方因素，在村委会的协助下办理了委托照护手续，委托其他亲属代为照护两个孩子。

《中华人民共和国未成年人保护法》

第二十二条　未成年人的父母或者其他监护人因外出务工等原因在一定期限内不能完全履行监护职责的，应当委托具有照护能力的完全民事行为能力人代为照护；无正当理由的，不得委托他人代为照护。

未成年人的父母或者其他监护人在确定被委托人时，应当综合考虑其道德品质、家庭状况、身心健康状况、与未成年人生活情感上的联系等情况，并听取有表达意愿能力未成年人的意见。

具有下列情形之一的，不得作为被委托人：

（一）曾实施性侵害、虐待、遗弃、拐卖、暴力伤害等违法犯罪行为；

（二）有吸毒、酗酒、赌博等恶习；

（三）曾拒不履行或者长期怠于履行监护、照护职责；

（四）其他不适宜担任被委托人的情形。

法律解析

在偏远地区，很多家长都选择外出打工，将孩子留在家里和祖父母、外祖父母一起生活；在城市里，也有很多父母忙于工作，疏于教育孩子。为了防止父母对子女“生而不养、养而不教、教而不当”，《中华人民共和国未成年人保护法》规定，父母或者其他监护人因外出务工等原因在一定期限内不能完全履行对未成年人监护职责的，应当委托有照护能力的完全民事行为能力人代为照护。

5. 学校不得歧视学生，不得违法违规开除未成年学生

案例

新学期刚开学一周，小刚就被学校开除了。被开除的原因是小刚的学习成绩不好，在班上的排名一直靠后，而且上课开小差。学校的刘校长向小刚的父母这样解释："校方作出开除的决定是因为班上的家长得知小刚的情况以后，认为会对班风

不好，影响其他同学。我们学校管理很严格，为了避免恶劣影响以及顺应家长们的意见，所以开除了小刚的学籍。”小刚的父母并不认可学校作出的决定以及说法，于是到教育局反馈该情况，要求给予公正处理。

关联法条

《中华人民共和国未成年人保护法》

第二十八条　学校应当保障未成年学生受教育的权利，不得违反国家规定开除、变相开除未成年学生。

学校应当对尚未完成义务教育的辍学未成年学生进行登记并劝返复学；劝返无效的，应当及时向教育行政部门书面报告。

第二十九条第一款　学校应当关心、爱护未成年学生，不得因家庭、身体、心理、学习能力等情况歧视学生。对家庭困难、身心有障碍的学生，应当提供关爱；对行为异常、学习有困难的学生，应当耐心帮助。

法律解析

常言道“有教无类”，虽然小刚学习成绩落后，但这不能成为学校开除其学籍的理由。学校应当尊重未成年人受教育的权利，针对学习有困难的学生，可以与家长沟通，让家长配合学校合力开展教育工作。学校若歧视学生、违反法律和规定开除未成年学生，则变相剥夺了未成年人受教育的权利，依法应承担法律责任。

6. 禁止体罚、变相体罚学生

案例

某幼儿园的教师颜某在上课的时候，因“一时好玩”在教室里强行揪住一名三周岁男童小王的双耳向上提起。小王表情痛苦，大哭不止。颜老师不但没有停下来，还让另一名教师用手机拍下过程，之后还把视频上传到网上。不久，便引起网民的一片声讨。小王的家长得知后立马打电话到教育局举报，教育局工作人员也立即赶赴该幼儿园进行调查并报警。

关联法条

《中华人民共和国未成年人保护法》

第二十七条　学校、幼儿园的教职员工应当尊重未成年人人格尊严，不得对未成年人实施体罚、变相体罚或者其他侮辱人格尊严的行为。

法律解析

教师是依法治校的主体之一，除了需要具备教学能力以外，具备法律素养也是教育事业的迫切要求。教师具备法律素养对广大未成年人健康成长有着深远的影响。法律赋予教师教育惩戒孩子的权利，但没有赋予其实施体罚、变相体罚或者其他侮辱人格尊严行为的权利。教师要做到依法施教、依法育人。同学们如果遇到教师实施体罚、变相体罚或其他侮辱人格尊严的行为，要及时向家长反馈，寻求帮助，不要自己默默承受。

7. 构建安全校园，确保未成年人安全

案例

小莉："妈妈，我们学校最近有很多同学流鼻血、头晕，很多同学都请假没来上课。"

妈妈："啊？！怎么回事啊？那你有没有不舒服？"

小莉："我感觉还好，仅仅有一点头晕。"

妈妈知道后马上就带小莉去医院检查。原来，学校在暑假期间，对操场跑道进行了翻新建设。由于施工方使用的建筑材料不符合标准，导致有多名学生陆续出现流鼻血、头晕、咳嗽、胸闷等状况。后来，部分家长将该情况上报给教育主管部门跟进处理。

《中华人民共和国未成年人保护法》

第三十五条　学校、幼儿园应当建立安全管理制度，对未成年人进行安全教育，完善安保设施、配备安保人员，保障未成年人在校、在园期间的人身和财产安全。

学校、幼儿园不得在危及未成年人人身安全、身心健康的校舍和其他设施、场所中进行教育教学活动。

学校、幼儿园安排未成年人参加文化娱乐、社会实践等集体活动，应当保护未成年人的身心健康，防止发生人身伤害事故。

未成年人不是检测甲醛等化学物质的“试剂”，不能让未

成年人“以身试毒”。学校是未成年人生活、学习、成长的重要场所，也是未成年人一天中待得较久的地方。因此，为了保障未成年人的健康安全，为其创造安全的学习环境，学校内的设施、设备必须符合安全标准，这是学校安全的底线，任何人都不能逾越。

8. 加强应急演练，增强未成年人自我保护意识和能力

案例

学校广播突然响起一声长警报：“各位老师、各位同学请注意，请迅速撤离到操场！请迅速撤离到操场！”随着急促的警报声响起，小东和同学们在老师的指挥下，双手护住头部，迅速有序地从教室撤离到操场中央。整个过程快而不乱，井然有序。尽管六个年级的班级分散在四层教学楼，但全体同学只用了两分钟就迅速撤离、到达操场。

关联法条

《中华人民共和国未成年人保护法》

第三十七条　学校、幼儿园应当根据需要，制定应对自然灾害、事故灾难、公共卫生事件等突发事件和意外伤害的预案，配备相应设施并定期进行必要的演练。

未成年人在校内、园内或者本校、本园组织的校外、园外活动中发生人身伤害事故的，学校、幼儿园应当立即救护，妥善处理，及时通知未成年人的父母或者其他监护人，并向有关部门报告。

法律解析

切实开展常态化应急演练，切实加强校园地震防控，是构建平安和谐校园的重要工作之一。学校应该积极开展常态化突发事件逃生演练工作，让未成年人掌握逃生技能，提升师生的地震安全意识！以下是遇到地震时的紧急防护方法：

（1）掩护：迅速拿起身边的书包、书本、枕头等可缓冲落物坠落冲力的物品保护头部。如没有任何物品，可以用手护头；并尽快蹲到附近坚固的家具的下面或旁边。

（2）撤离：切勿拥挤、推搡。要快速有序撤离，并选择走楼梯而不坐电梯。

（3）到空旷处：有序撤离到空旷的场地。切勿停留在高架桥、高建筑、山体等随时可能落物的地方。

9. 规范网络使用，预防未成年人沉迷网络

案例

晚饭过后，小东拿起妈妈的手机，想要看最新的日本动漫。但打开视频软件的时候却跳出“青少年保护模式”，必须家长解锁以后才能观看。于是小东拿着手机跑去厨房：“妈妈，你能够帮我解锁一下吗？我想看动漫！”

妈妈看了一下时间，对小东说："你的作业还没有做完，而且你今天中午已经看手机了，你答应过每天看手机不能超过40分钟哦！"

关联法条

《中华人民共和国未成年人保护法》

第六十八条　新闻出版、教育、卫生健康、文化和旅游、网信等部门应当定期开展预防未成年人沉迷网络的宣传教育，监督网络产品和服务提供者履行预防未成年人沉迷网络的义务，指导家庭、学校、社会组织互相配合，采取科学、合理的方式对未成年人沉迷网络进行预防和干预。

任何组织或者个人不得以侵害未成年人身心健康的方式对未成年人沉迷网络进行干预。

第七十一条　未成年人的父母或者其他监护人应当提高网络素养，规范自身使用网络的行为，加强对未成年人使用网络行为的引导和监督。

未成年人的父母或者其他监护人应当通过在智能终端产品上安装未成年人网络保护软件、选择适合未成年人的服务模式和管理功能等方式，避免未成年人接触危害或者可能影响其身心健康的网络信息，合理安排未成年人使用网络的时间，有效预防未成年人沉迷网络。

法律解析

近年来，各种手机游戏、网络短视频软件迅速兴起，引起广大未成年人的关注。短视频在短时间内展现“亮点”“爆点”信息，满足了很多未成年人的好奇心。未成年人缺乏是非辨别能力，面对良莠不齐的网络信息时，很难做到“取其精华，去其糟粕”，且容易沉迷其中。因此，国家通过法律约束网络游戏公司，要求其通过设置不同的功能、规则来预防未成年人沉迷网络。父母应当引导子女合理规范使用网络的时间和方式，避免子女沉迷网络。

第六章 预防未成年人犯罪法

1. 识别不良行为，积极参加健康有益活动

案例

小李的几个朋友为了庆祝初中毕业，约小李去一家大型酒吧长“见识”。小李本来犹豫不决，但在朋友们的游说下最终答应了。当天晚饭过后，小李告诉父母约了同学一起庆祝毕业，所以要比较晚回家。父母觉得奇怪，再三追问下，才得知小李准备去酒吧，于是对小李说：“感谢你的坦诚，但是未成年人是不适宜进入酒吧的；庆祝的方式可以有很多种，但是你和朋友们要选择合适的方式！”

关联法条

《中华人民共和国预防未成年人犯罪法》

第十四条 未成年人的父母或者其他监护人和学校应当教育未成年人不得有下列不良行为：

（一）旷课、夜不归宿；

（二）携带管制刀具；

（三）打架斗殴、辱骂他人；

（四）强行向他人索要财物；

（五）偷窃、故意毁坏财物；

（六）参与赌博或者变相赌博；

（七）观看、收听色情、淫秽的音像制品、读物等；

（八）进入法律、法规规定未成年人不适宜进入的营业性歌舞厅等场所；

（九）其他严重违背社会公德的不良行为。

法律解析

未成年人认知能力有限、社会阅历较浅，容易对身边人的行为、习惯进行模仿。因此，未成年人的父母或者其他监护人和学校应当教育未成年人识别不良行为，不去未成年人不适宜进入的场所；引导未成年人养成良好行为习惯并积极参加健康有益的社会实践活动。未成年人自身要认真学习法律知识，当遇到自己无法辨别的情况时，积极向家长、老师咨询，切勿以身试法！

2. 不得让不满十六周岁的未成年人脱离监护单独居住

案例

放学后，15岁的小美邀请小莉和其他几位同学一起到家里学习。到家之后，小美拿出备好在冰箱的甜品与饮料招待同学们。晚饭的时间快到了，小莉准备回家，但看见小美的父母还没有回家，便问："小美，你爸妈怎么还没回来啊？你晚上吃什么啊？"

小美说："我爸妈经常出差。我经常一个人住，都是点外卖吃。"小莉到家后将小美的情况告诉了妈妈。妈妈将小美的情况反馈给班主任，希望小美父母能够重视小美的监护问题。

关联法条

《中华人民共和国预防未成年人犯罪法》

第十九条　未成年人的父母或者其他监护人，不得让不满十六周岁的未成年人脱离监护单独居住。

法律解析

近年来，发生了不少因未成年人独自居住而引发的受伤害事件。未成年人由于身心发育未成熟，需要父母或其他监护人在身边予以照料和教育。如果存在独自居住的情况要及时反馈给学校老师或者居住地的居委会、村委会工作人员以寻求帮助。

3. 未成年人离家出走，不能放任不管

案例

在小龙年幼的时候爸爸就去世了，后来妈妈带着他改嫁了一位高叔叔。但是日子久了，高叔叔和小龙的妈妈矛盾激发，经常因为一些很小的事情就吵架、打架。妈妈甚至经常打骂小龙出气。小龙无法忍受妈妈的打骂而离家出走了。妈妈找不到小龙，后来就到派出所报案，向公安机关寻求帮助，最终在警察的帮助下找回小龙。

关联法条

《中华人民共和国预防未成年人犯罪法》

第二十条 未成年人的父母或者其他监护人对未成年人不得放任不管，不得迫使其离家出走，放弃监护职责。

未成年人离家出走的，其父母或者其他监护人应当及时查找，或者向公安机关请求帮助。

法律解析

未成年人离家出走，在一定程度上也反映出父母教育方式的不当。未成年人不是父母发泄情绪的工具，父母不能把情绪转嫁到子女的身上。未成年人离家出走的，父母或其他监护人应当及时寻找或向公安机关寻求帮助，不能放任不管。未成年人与父母沟通、相处遇到困难的，也不应该选择离家出走的方式来解决问题；未成年人可以向身边其他亲属、朋友、老师倾诉，他们能够给予帮助。互相尊重的沟通、耐心倾听是构建和谐温馨亲子关系的关键。

4. 夫妻离婚，不免除教育子女的义务

案例

小玲的父母在其八周岁的时候离异，小玲一直跟着母亲生活。起初，父亲还会经常探视小玲，了解小玲的生活、学习情况。两年后，父亲再婚并很快就生育了一个孩子。渐渐地，父亲就很少来探视小玲了，对小玲的生活、学习情况也不闻不问。

暑假，小玲想参加一个游学团，便打电话征询爸爸的意见：“爸爸，我暑假想参加一个游学夏令营，要去上海一个星期，您觉得怎么样啊？”

“我每个月都把抚养费给你妈妈了，你去问你妈妈就可以了，我最近很忙，没事不要随便打我电话。”没说两句，爸爸就挂了电话。小玲对此感到非常失望。

《中华人民共和国预防未成年人犯罪法》

第二十一条　未成年人的父母离异的，离异双方对子女都有教育的义务，任何一方都不得因离异而不履行教育子女的义务。

父母是未成年人的监护人，不会因为离异而免于履行对未成年子女的监护责任以及教育义务。家庭是成功孩子的港湾和出发地。家长是孩子走向成功的导师和助手，既要负责孩子的身体发育，又要负责孩子的心理发育；既要重视孩子的智力发育，又要重视孩子各方面能力的培养；既要教会孩子学习知识，又要教会孩子学会做人。父母不能以离异、工作忙为由疏于对孩子进行管教。

5. 学校周边禁止开办网吧

案例

妈妈在接小东放学时，无意间看到校门不远处开了一家网吧，陆续看到有学生偷偷地跑进去。接到小东后，妈妈问小东：“小东，你知道那里有家网吧吗？”小东说：“我知道，这个网吧开了好长一段时间了，我还见过有些同学放学后偷偷溜进去。”

后来，妈妈和其他家长一致认为这家网吧开在学校旁边，

违规营业，对学生造成不好的影响，于是决定向公安以及教育部门举报。一周后，这家网吧被依法取缔。

关联法条

《中华人民共和国预防未成年人犯罪法》

第二十六条　禁止在中小学校附近开办营业性歌舞厅、营业性电子游戏场所以及其他未成年人不适宜进入的场所。禁止开办上述场所的具体范围由省、自治区、直辖市人民政府规定。

对本法施行前已在中小学校附近开办上述场所的，应当限期迁移或者停业。

法律解析

营业性电子游戏场所、营业性歌舞厅等其他未成年人不适宜进入的场所，人员混杂，是极易滋生犯罪的地方。若在学校附近开设该类场所，容易误导未成年人进入消费，也容易引发未成年人违法犯罪。因此，根据法律规定，禁止在中小学校附近开办未成年人不适宜进入的场所。若未成年人发现学校附近有该类场所，要及时向学校老师反馈，并劝阻身边的同学不要到这类场所去。

6. 不得教唆、胁迫、引诱未成年人实施不良行为

暑假到了，小东打算和小明一起去外地旅游，小明跟小东说出门旅行要花钱，不如先一起赚点小零花钱再说。小东疑惑地问小明："怎么赚钱，我们是未成年人，兼职应该也没人请我们吧？"小明解释道："我之前去网吧的时候，认识了一个大哥哥，他教我在网络上卖'小视频'，可以赚不少钱呢！"

小东听了小明的话，二话不说就拒绝了，并告诉小明这样的行为是违法的，劝他别再继续做这份“兼职”了，并通过网上举报冻结了小明的账户。

关联法条

《中华人民共和国预防未成年人犯罪法》

第二十九条　任何人不得教唆、胁迫、引诱未成年人实施本法规定的不良行为，或者为未成年人实施不良行为提供条件。

法律解析

未成年人成长的过程是不断探索、认知的过程。未成年人对所有新鲜事物充满了好奇与探索的冲动，但由于缺乏社会经验，欠缺法律意识，容易受到他人教唆、诱惑。有些违法犯罪分子利用未成年人懵懂、易操控的特点，教唆、引诱甚至胁迫未成年人从事违法犯罪行为，国家对此予以严厉打击！同学们，在成长过程中要积极学习法律知识，谨慎交友，勇于向违法犯罪行为说“不”！

7. 从违法行为到犯罪，只是一步之遥

案例

刚上初一，小天就在校外结识了一群社会青年，学会了抽烟喝酒，并在兄弟们的引诱下开始沉迷于赌博。小天输光了爸妈给的零花钱后，就在班上偷翻其他同学的书包，发现钱就偷走。

后来，隔三岔五就有同学反映自己的零花钱不见了。班主任知道后就反馈给学校保安，让保安多加巡逻。某天，小天正准备下手的时候，被保安抓了个正着。学校通知小天家长后决定报警处理。虽然小天因为不满 14 周岁而免予处罚，但警察对小天予以训诫而且让其父母严加看管和教育。

关联法条

《中华人民共和国预防未成年人犯罪法》

第三十四条　本法所称“严重不良行为”，是指下列严重危害社会，尚不够刑事处罚的违法行为：

（一）纠集他人结伙滋事，扰乱治安；

（二）携带管制刀具，屡教不改；

（三）多次拦截殴打他人或者强行索要他人财物；

（四）传播淫秽的读物或者音像制品等；

（五）进行淫乱或者色情、卖淫活动；

（六）多次偷窃；

（七）参与赌博，屡教不改；

（八）吸食、注射毒品；

（九）其他严重危害社会的行为。

第三十七条　未成年人有本法规定严重不良行为，构成违反治安管理行为的，由公安机关依法予以治安处罚。因不满十四周岁或者情节特别轻微免予处罚的，可以予以训诫。

上述法条所称的“严重不良行为”，虽然属于尚不构成刑事处罚的违法行为，但也严重危害社会。从严重不良行为到违法行为，从违法行为到犯罪，其实只是一步之遥。正所谓“小时偷针，大时偷金”，若对未成年人严重不良行为不及时予以处罚和纠正，他们可能会逐步走上犯罪之路，随之而来的便是严厉的法律制裁。

8. 教育为主、惩罚为辅原则

案例

刚上初三的阿忠因争抢篮球场与小明发生争执。后心有不服便去教训小明，致使小明重伤入院。人民检察院指控阿忠犯故意伤害罪，向法院提起了公诉。庭前，检察院就阿忠的家庭背景、成长经历、交友情况等做了详细的社会调查报告；庭审过程中，因外出务工的父母未能出庭，法院安排了合适成年人在场；案件宣判时，法官对阿忠进行了法庭教育，教导阿忠努力改过错误、积极面对之后的人生！

关联法条

《中华人民共和国预防未成年人犯罪法》

第四十四条　对犯罪的未成年人追究刑事责任，实行教育、感化、挽救方针，坚持教育为主、惩罚为辅的原则。

司法机关办理未成年人犯罪案件，应当保障未成年人行使其诉讼权利，保障未成年人得到法律帮助，并根据未成年人的生理、心理特点和犯罪的情况，有针对性地进行法制教育。

对于被采取刑事强制措施的未成年学生，在人民法院的判决生效以前，不得取消其学籍。

法律解析

法律保障未成年人权利，包括犯罪案件中未成年人的诉讼权利，如获得法律援助的权利、监护人未到庭的情况下安排合适成年人在场；检察机关开展社会背景调查、人民法院开展法庭教育、判决生效前不得取消学籍等。这都充分体现了教育、感化、挽救方针，坚持教育为主、惩罚为辅原则，维护未成年犯罪嫌疑人、被告人合法权益等。

9. 教育、感化、挽救方针

案例

小芳16周岁的时候，经常逃课到校外和一些社会青年玩在一起，在他们的“教导”下，经常拦截放学回家的低年级学生并向他们索要钱财。小芳被学校老师发现后，主动到派出所自首。包括小芳在内的这群人因涉嫌抢劫罪被检察院依法提起公诉。

因小芳在实施犯罪时，系已满16周岁未满18周岁的未成年人，依法应当从轻处罚；而且小芳主动投案，如实供述犯罪事实，属于自首，依法可以从轻处罚；同时，参酌社区对小芳的调查评估意见，可以宣告缓刑。在执行缓刑期间，小芳定期到社区接受司法社工的帮教，积极改正错误！

《中华人民共和国预防未成年人犯罪法》

第四十七条　未成年人的父母或者其他监护人和学校、城市居民委员会、农村村民委员会，对因不满十六周岁而不予刑事处罚、免予刑事处罚的未成年人，或者被判处非监禁刑罚、被判处刑罚宣告缓刑、被假释的未成年人，应当采取有效的帮教措施，协助司法机关做好对未成年人的教育、挽救工作。

城市居民委员会、农村村民委员会可以聘请思想品德优秀，作风正派，热心未成年人教育工作的离退休人员或者其他人员协助做好对前款规定的未成年人的教育、挽救工作。

法律解析

教育、感化、挽救方针贯穿整个预防未成年人犯罪工作，在我国整个未成年人刑事案件诉讼中起着重要的指导作用，是处理未成年人刑事案件的主导思想。未成年人也许会犯一时之错，误入歧途，但请记住，社会、家庭、学校都不会放弃任何一个帮助未成年人的机会。犯了错，要勇于改正，珍惜改造机会，及时悬崖勒马。

第七章
道路交通安全法

1. 道路交通安全法的目的

案例

妈妈和小莉去商场购物后开车回家。在十字路口等红灯时，旁边车道忽然有一辆红色跑车疾驰而过，与横向驶来的车辆撞个正着，发生了严重的交通事故。妈妈连忙安抚被吓呆的小莉，并和小莉强调一定要遵守交通规则。

关联法条

《中华人民共和国道路交通安全法》

第一条　为了维护道路交通秩序，预防和减少交通事故，保护人身安全，保护公民、法人和其他组织的财产安全及其他合法权益，提高通行效率，制定本法。

法律解析

为了保障道路交通安全、有序和畅通，并保护每个人的生命安全，车辆驾驶员、行人、乘车人以及其他单位和个人都需要遵守《中华人民共和国道路交通安全法》。同学们在上学和放学途中，一定要遵守法律和交通法规，要注意来往车辆，观察路况，不要东张西望，也不要低头玩手机。不要因为心急而赶着绿灯的最后几秒钟过马路，这几秒往往隐藏着巨大的安全隐患。

2. 道路交通安全法规范谁的行为？

案例

回到家后，小莉告诉了爸爸刚刚目睹交通事故的经历。

爸爸说："路口处或红绿灯处的摄像头会记录每天车辆以及行人通过的情况。不仅是闯红灯的车辆，闯红灯过马路的行人也会被记录下来。因此为了他人、为了自己，都要遵守交通规则安全出行！"

关联法条

《中华人民共和国道路交通安全法》

第二条　中华人民共和国境内的车辆驾驶人、行人、乘车人以及与道路交通活动有关的单位和个人，都应当遵守本法。

法律解析

《中华人民共和国道路交通安全法》规制的不仅仅是机动车驾驶员，凡是与道路交通活动有关的单位和个人都应当遵守《中华人民共和国道路交通安全法》。道路交通安全与同学们的生活息息相关。同学们要珍爱生命，遵守交通法规。

3. 行人应当遵守交通规则

案例

在12月2日全国交通安全日的校园普法讲座上，交警叔叔说：“近日，学校附近发生了一起学生因违反交通规则而受伤的事故。临近寒假，同学们出行一定要遵守交通规则，养成出门前、回家后跟家人报备的习惯。”

关联法条

《中华人民共和国道路交通安全法》

第六十二条 行人通过路口或者横过道路，应当走人行横道或者过街设施；通过有交通信号灯的人行横道，应当按照交通信号灯指示通行；通过没有交通信号灯、人行横道的路口，或者在没有过街设施的路段横过道路，应当在确认安全后通过。

《中华人民共和国道路交通安全法实施条例》

第七十四条 行人不得有下列行为：

（一）在道路上使用滑板、旱冰鞋等滑行工具；

（二）在车行道内坐卧、停留、嬉闹；

（三）追车、抛物击车等妨碍道路交通安全的行为。

法律解析

随着我国社会经济的发展，因车辆数量激增而造成的儿童交通意外逐年上升。中国疾病预防控制中心的调查显示，在所有儿童交通意外中，超过四分之三的孩子是在道路上受伤的。交通管理部门分析儿童发生道路交通意外主要有两种情况：儿童突然出现在机动车道上，或儿童从车前或车后突然蹿出。同学们要学习并遵守交通规则，紧急情况下，它们就会是“救命武器”！

4. 红灯停，绿灯行

晚饭后，妈妈让小莉和小东一起去路口买水果，路上车辆川流不息。小莉抬头看着绿灯却不走，问小东："哥哥，你说为什么是红灯停，绿灯行呀？"

小东说："物理老师说，根据科学原理，红色光的波长较长，在空气中的穿透能力强，比其他颜色更引人注目，因而用红灯来提醒人们停下来注意安全。"

关联法条

《中华人民共和国道路交通安全法实施条例》

第三十九条　人行横道信号灯表示：

（一）绿灯亮时，准许行人通过人行横道；

（二）红灯亮时，禁止行人进入人行横道，但是已经进入人行横道的，可以继续通过或者在道路中心线处停留等候。

法律解析

红色光的波长较长，穿透力强，更容易起警示作用。因此，“红灯停”在本质上是将物理规律上升为法律规定的现象。事实上，很多法律规定本身也是从一个一个规律上升而来的。尊重规律让我们的生活更加安全。

5. 为什么过马路要走人行横道？

案例

听了哥哥的解释之后，小莉和哥哥准备从斑马线过马路。当两人刚踏出两步时，突然一辆白色小轿车从他们的左后方急转而来。

小东迅速将小莉抱住并往后退。小轿车也为了避开行人紧急刹车，发出了巨大的刹车声响。旁边目睹一切的阿姨赶来询

问兄妹二人情况，并走到车前斥责司机："小伙子开车得小心呀，行人通过人行横道时，你应当停车让行，要是撞着了，你要负法律责任的！"司机惊魂未定，默默地连连点头道歉。

关联法条

《中华人民共和国道路交通安全法》

第四十四条　机动车通过交叉路口，应当按照交通信号灯、交通标志、交通标线或者交通警察的指挥通过；通过没有交通信号灯、交通标志、交通标线或者交通警察指挥的交叉路口时，应当减速慢行，并让行人和优先通行的车辆先行。

第四十七条　机动车行经人行横道时，应当减速行驶；遇行人正在通过人行横道，应当停车让行。

机动车行经没有交通信号的道路时，遇行人横过道路，应当避让。

法律解析

人行横道上的斑马线是我们横过马路时的必经之路，又被称为行人的“安全线”“生命线”。行人横冲直撞不走斑马线，吃亏的是自己。机动车经过人行横道时，无论是否有行人都要减速行驶；遇到行人时，应当停车让行。机动车礼让行人是文明驾车的底线。

6. 未成年人可以驾驶机动车吗？

案例

暑假的某个晚上，小舜与同学小俊、小雅、小鹏等人（均为未成年人）一起玩到凌晨四时许，意犹未尽的几个人在回家的路上“炫技”飙车。夜深人静的街道上，响起了轰轰的摩托车声音。小舜驾驶的摩托车搭载三人，由于车速过快、搭载人员过多，与小俊驾驶的摩托车发生碰撞，造成五人不同程度受伤。

《中华人民共和国道路交通安全法》

第九十九条第一款第一项　有下列行为之一的，由公安机关交通管理部门处二百元以上二千元以下罚款：

（一）未取得机动车驾驶证、机动车驾驶证被吊销或者机动车驾驶证被暂扣期间驾驶机动车的；

《中华人民共和国民法典》

第一千一百八十八条　无民事行为能力人、限制民事行为能力人造成他人损害的，由监护人承担侵权责任。监护人尽到监护职责的，可以减轻其侵权责任。

有财产的无民事行为能力人、限制民事行为能力人造成他人损害的，从本人财产中支付赔偿费用；不足部分，由监护人赔偿。

未成年人不可以驾驶机动车，但为何现实中屡屡发生未成年人驾驶机动车的行为？原因在于：

（1）监护人没有履行有效监护职责，放任甚至鼓励未成年人驾驶机动车。

（2）监护人无视安全，怀着侥幸心理，认为不会发生交通事故。

（3）未成年人法律知识欠缺，不懂法。

7. 未成年人可以骑单车吗？

案例

小风（10周岁）某晚参加完补习班后，看到路边有一辆未上锁的共享单车，为了能够早点回家，就踩着这辆有点损坏的共享单车回家了。路上，一辆小货车飞速地从小风身边驶过，小风受到惊吓，单车摇摇晃晃。结果，该小货车碰压小风及单车，小风受重伤。

关联法条

《中华人民共和国道路交通安全法实施条例》

第七十二条第一项　在道路上驾驶自行车、三轮车、电动自行车、残疾人机动轮椅车应当遵守下列规定：

（一）驾驶自行车、三轮车必须年满12周岁；

法律解析

近年来，随着共享单车的兴起，很多未成年人都注册了共享单车的账号，并在大街上骑着单车横冲直撞。未成年人违规骑车危及自身和他人人身安全，这是非常危险的行为。因此，家长千万不能让未满12周岁的未成年人使用共享单车；教育孩子学习骑单车时，须有家长陪同，且在小区内部道路上确保安全进行。学校要加强安全教育，特别是对未满12周岁未成年人骑行单车的违法行为加强批评教育。

8. 走路戴耳机听歌、看手机，安全吗？

案例

小芳（16 周岁）外出时，一边步行一边用耳机听歌。结果，不慎被后方的小汽车撞倒在地。在摔倒过程中，由于她的双耳戴着耳机，连接在手机上的耳机线缠绕其脖子，导致她被割伤喉咙，鲜血直流，幸好没有割到动脉，否则后果不堪设想。

关联法条

《中华人民共和国道路交通安全法》

第六十三条　行人不得跨越、倚坐道路隔离设施，不得扒车、强行拦车或者实施妨碍道路交通安全的其他行为。

法律解析

本案属于未成年人忽视交通安全，导致自己受伤害的案件，在一定程度上也是未成年人的监护人教育疏忽导致。

走路戴耳机听歌、看手机危害有多大？

（1）由于走路的时候戴耳机听歌、看手机，眼睛一直盯着手机屏幕，脑子里想着歌曲，前面有坑洼也不知道，一不小心就可能踩空掉下去，非常危险。

（2）容易碰到人。如果你走路戴耳机听歌、看手机，对面走过来的人也在戴耳机听歌、玩手机，双方都把注意力集中在歌曲、手机上，这样很容易导致两人碰到而发生危险。

（3）走路戴耳机听歌、看手机过马路容易发生交通意外。有些人过马路的时候也在玩手机，殊不知车来车往的马路如虎口，一不小心就可能招致车撞人的交通意外。

9. 未成年人交通安全口诀

交通安全很重要，交通规则要记牢。
从小习惯要养好，不在路上玩闹跑。
行走应走人行道，没有行道往右靠。
一慢二看三通过，莫与车辆去抢道。

第八章
消防法

1. 火灾危害大

去年春节假期，小飞家中发生火灾，室内价值20万元的财物被烧一空，所幸火灾没有造成人员伤亡。起火是因为小飞一个人在家里使用电炉取暖，电炉距离可燃物较近，小飞离开房间去卫生间，长时间未关闭电源引发火灾。

关联法条

《中华人民共和国消防法》

第一条 为了预防火灾和减少火灾危害，加强应急救援工作，保护人身、财产安全，维护公共安全，制定本法。

法律解析

据公安部消防局发布的数据显示，2012 年至 2016 年，全国共有 1624 名 18 周岁以下的未成年人在火灾中遇难，占火灾死亡总人数的 18.6%。少年儿童已成为火灾受害者中的高危群体。消防工作应当以预防为主，同学们可以通过学习消防安全知识，掌握家中的逃生疏散路线。在进入公共场所时，注意观察安全出口和疏散通道，记住疏散方向。如果遇到火灾，应当注意：

（1）迅速正确逃生，不贪恋财物，不乘坐电梯，不盲目跳楼逃生。

（2）必须穿过浓烟逃生时，尽量用浸湿的衣物捂住口鼻，弯腰低姿前行。

（3）若身上着火，可就地打滚或用厚重衣物覆盖，压灭火苗。

（4）大火封门无法逃生时，可用浸湿的毛巾、衣物堵塞门缝，并发出求救信号等待救援。

2. 报告火警人人有责

案例

小明家厨房的热水器突然短路发生火灾。由于火灾发生时正值深夜，小明和家人均已入睡而未能及时发现。幸好楼下的临街商铺住户发现后第一时间拨打 119 报警，火势才得到控制和没有进一步蔓延，最终消防人员到场后及时将火扑灭。

关联法条

《中华人民共和国消防法》

第五条　任何单位和个人都有维护消防安全、保护消防设施、预防火灾、报告火警的义务。任何单位和成年人都有参加有组织的灭火工作的义务。

第四十四条第一款　任何人发现火灾都应当立即报警。任何单位、个人都应当无偿为报警提供便利，不得阻拦报警。严禁谎报火警。

法律解析

所有公民都有报告火警的义务。一旦发现火灾应当立即报警。消防队救火不收费。同学们如果遇到火灾应当注意：

（1）到安全区域立即拨打 119 报警；如果没有电话，可以向附近的单位和个人求助。

（2）报告火警时注意说清楚火灾发生的地点、火势等基本情况。

（3）参加有组织的灭火是成年人的义务，同学们不能贸然参与灭火。

3. 室内玩烟花爆竹害人害己

由于今年春节疫情的特殊原因，大家都不能随便外出走动，更不要说到户外放鞭炮、烟花了。小芳觉得只能待在家里丝毫没有年味，于是找出往年玩剩下的烟花——“仙女棒”，却又害怕家人发现，便拿走了爷爷的打火机跑回自己房间里玩。突然，“仙女棒”迸出的火花将被子点燃，手足无措的小芳哭着跑出房间。火势迅速蔓延，没过多久房子深陷火海。

关联法条

《烟花爆竹安全管理条例》

第三十一条　燃放烟花爆竹，应当按照燃放说明燃放，不得以危害公共安全和人身、财产安全的方式燃放烟花爆竹。

法律解析

我们每一个人都有维护消防安全的义务。同学们应当谨记消防安全知识，安全用火，在室内不允许燃放烟花爆竹。小小的火花容易点燃室内的其他物品，从而引发大火。另外，在室内使用明火时应当注意远离易燃物品，在野外使用明火后要确保熄灭火种。

4. 不得占用、堵塞、封闭消防车通道，不得妨碍消防车通行

案例

小刘家中突发火灾，但因为小区的消防通道及相关道路被堵，消防车辆无法及时进去救火。更危险的是，该楼层的消防栓没水，导致火势迅速蔓延。过后，消防救援机构处罚小区物业公司2万元。人民法院判决小区物业公司承担次要责任，赔偿小刘家3.8万余元。

关联法条

《中华人民共和国消防法》

第二十八条　任何单位、个人不得损坏、挪用或者擅自拆除、停用消防设施、器材，不得埋压、圈占、遮挡消火栓或者占用防火间距，不得占用、堵塞、封闭疏散通道、安全出口、消防车通道。人员密集场所的门窗不得设置影响逃生和灭火救援的障碍物。

法律解析

占用、堵塞、封闭消防车通道，妨碍消防车通行，阻碍消防车执行任务等均属于违法行为。若导致消防员救火不及时，后果不堪设想。为保护自身和他人的生命、财产安全，同学们在生活中如发现堵塞消防车通道这类违法行为，可以通过拨打96119，及时向消防部门进行举报投诉。

5. 不得毁坏消防设施

课间休息期间，小东拿着心爱的篮球和几个哥们儿在教学楼走廊玩传球游戏。说时迟那时快，篮球以迅雷不及掩耳之势被抛起，但由于抛球时小东太过用力，球径直砸倒了墙边的灭火器。大家顿时知道自己犯错了，都慌得不行。最后，小东一行人被老师带去办公室批评教育了一番。

关联法条

《中华人民共和国消防法》

第六十条第一款第二项、第二款、第三款　单位违反本法规定，有下列行为之一的，责令改正，处五千元以上五万元以下罚款：

（二）损坏、挪用或者擅自拆除、停用消防设施、器材的；

个人有前款第二项、第三项、第四项、第五项行为之一的，处警告或者五百元以下罚款。

有本条第一款第三项、第四项、第五项、第六项行为，经责令改正拒不改正的，强制执行，所需费用由违法行为人承担。

法律解析

日常生活中，毁坏消防设施、器材不仅是一种违法行为，更会严重威胁到我们的生命、财产安全。同学们要监督自己和他人，杜绝毁坏消防设施、器材的行为。当不小心损坏消防设施、器材时，不必惊慌，应当及时向老师或家长报告情况，作出妥善处理。

6. 谎报火警要担责

案例

“汽车东站旁一居民房的厨房起火了，你们快来！”某日，119 指挥中心接到报警，消防大队当即出动 14 名指战员 2 台消防车前去处置。消防员到达后，却发现并无任何火灾迹象。经回拨电话核实，对方却声称自己并未报警。

经调查：自上星期以来，姚某为寻求刺激，多次使用其父亲手机拨打 110、119 报警电话。姚某说：“火情是我在家里无

聊时虚构的，我就是觉得好玩，让消防车白跑一趟。”

最后姚某被公安机关行政拘留十日。

关联法条

《中华人民共和国消防法》

第六十二条 有下列行为之一的，依照《中华人民共和国治安管理处罚法》的规定处罚：

（一）违反有关消防技术标准和管理规定生产、储存、运输、销售、使用、销毁易燃易爆危险品的；

（二）非法携带易燃易爆危险品进入公共场所或者乘坐公共交通工具的；

（三）谎报火警的；

（四）阻碍消防车、消防艇执行任务的；

（五）阻碍消防救援机构的工作人员依法执行职务的。

法律解析

“狼来了”的故事也许就发生在我们身边。谎报火警不但破坏了消防部队的正常执勤秩序，占用了有限的消防资源，而且严重扰乱了社会治安。因此，谎报火警属于违法行为，一旦实施需承担法律责任。同学们不仅要约束自己的行为，不谎报火警；而且当发现有人谎报火警时，应当进行制止，让消防员将更多的精力投入到真正急、难、险、重的任务中去。

7. 未成年人火灾自救口诀

若遇火患，临危不乱。
熟悉环境，牢记出口。
保持冷静，迅速撤离。
湿水衣物，蒙鼻匍匐。
首选楼梯，勿用电梯。

花城有爱　法护未来

第九章
反家庭暴力法

1. 反家庭暴力法的目的

案例

由于小龙母亲对小龙实施家暴，法院撤销其对小龙的监护权并指定其舅舅作为监护人，从此小龙和舅舅一起生活。自那以后小龙整个人开朗乐观多了，也逐渐结交了很多的好朋友。

小东放学回家后跟妈妈讲起了小龙近来在学校的情况，妈妈长舒了一口气说："之前听你说了小龙的遭遇，可怜那孩子遇上了这么个妈妈。幸好我们国家出台了《中华人民共和国反家庭暴力法》，不然都不知道小龙还要受多少折磨。"

关联法条

《中华人民共和国反家庭暴力法》

第一条　为了预防和制止家庭暴力，保护家庭成员的合法权益，维护平等、和睦、文明的家庭关系，促进家庭和谐、社会稳定，制定本法。

法律解析

《中华人民共和国反家庭暴力法》明文禁止家庭暴力，引导家庭成员互相帮助、互相关爱、和睦相处，每个家庭成员履行家庭责任和义务。这是社会主义核心价值观的新时代要求。反对家庭暴力是国家、社会和每个家庭的共同责任。

2. 什么是家庭暴力？

案例

小莉和小芳聊天。小芳说她每天都会被妈妈骂“笨蛋”“没用的东西”“赔钱货”等，觉得非常不开心；而且这让她经常做噩梦，感觉很痛苦，想要离家出走。小莉把情况告诉班主任，班主任约谈了小芳的妈妈，告知其经常性的言语谩骂也构成家庭暴力，希望她能够调整教育孩子的方式。

关联法条

《中华人民共和国反家庭暴力法》

第二条　本法所称家庭暴力，是指家庭成员之间以殴打、捆绑、残害、限制人身自由以及经常性谩骂、恐吓等方式实施的身体、精神等侵害行为。

法律解析

《中华人民共和国反家庭暴力法》首次以法律形式明确，除身体暴力外，经常性谩骂、恐吓等精神暴力也构成家庭暴力。即使是为了教育孩子，也不应该诉诸暴力的形式。“打你是为了你好”再也不能成为父母实施家庭暴力的借口。

3. 哪些家庭成员遭受家暴时应当给予特殊保护？

案例

小莉回家把小芳的事情告诉了妈妈，妈妈表示：“《中华人民共和国反家庭暴力法》除了保护夫妻以外，还保护老年人、未成年人。因为老年人和未成年人是弱势群体，他们从体力到心理上都不及青壮年人，难以寻求外界的帮助。”

关联法条

《中华人民共和国反家庭暴力法》

第五条　反家庭暴力工作遵循预防为主，教育、矫治与惩处相结合原则。

反家庭暴力工作应当尊重受害人真实意愿，保护当事人隐私。

未成年人、老年人、残疾人、孕期和哺乳期的妇女、重病患者遭受家庭暴力的，应当给予特殊保护。

法律解析

很多人认为家庭暴力就是丈夫打老婆。事实上，孕期和哺乳期妇女、老年人、未成年人、残疾人以及重病患者等更容易成为家庭暴力的主要受害者。因此，《中华人民共和国反家庭暴力法》对上述人群给予特殊保护。

4. 家庭暴力事前预防胜于事后惩治

案例

临近暑假，小东班里开展了一次《中华人民共和国反家庭暴力法》的普法课。老师主要围绕法律条文做了解读，重点就家庭暴力的概念和类型、预防和制止家庭暴力的对策等进行了详细的讲解。

“这次的普法课提高了我的守法、用法意识，让我有意识更好地学会运用法律武器维护自己的合法权益。回家后我也会向爸爸妈妈重述今天课上的内容，比如：树立文明友好家庭观念的重要性，发现矛盾如何及时化解以避免事态进一步恶化。”认真上完普法课后的小东开心地跟同桌说。

关联法条

《中华人民共和国反家庭暴力法》

第六条　国家开展家庭美德宣传教育，普及反家庭暴力知识，增强公民反家庭暴力意识。

工会、共产主义青年团、妇女联合会、残疾人联合会应当在各自工作范围内，组织开展家庭美德和反家庭暴力宣传教育。

广播、电视、报刊、网络等应当开展家庭美德和反家庭暴力宣传。

学校、幼儿园应当开展家庭美德和反家庭暴力教育。

法律解析

家暴不是只存在于新闻或者别人口中的“别人的不幸”，

而是真实存在于我们身边的暴力事件。预防和制止家庭暴力是全社会的共同责任！以学校为例，学校是未成年人学习和生活的主要场所，除了开展日常文化教育和体育锻炼以外，有责任也有义务开展家庭美德和反家庭暴力教育。

5. 家暴是家务事吗？

案例

小东和爸爸在小区散步时，听到不远处传来小孩的哭声，发现是小区里经常打孩子的邻居阿姨。她手里正拿着鸡毛掸子打自己几岁大的孩子，嘴里还絮絮叨叨骂个不停。

爸爸见状便上前阻止阿姨，但是阿姨反驳道："这是我们家的家务事，关你什么事？我自己的孩子我想打就打。"眼见这位阿姨并不听劝，爸爸拿起手机拨打了110报警。不久后，警察来到并把这位阿姨带到派出所进行批评教育。

关联法条

《中华人民共和国反家庭暴力法》

第十三条　家庭暴力受害人及其法定代理人、近亲属可以向加害人或者受害人所在单位、居民委员会、村民委员会、妇女联合会等单位投诉、反映或者求助。有关单位接到家庭暴力投诉、反映或者求助后，应当给予帮助、处理。

家庭暴力受害人及其法定代理人、近亲属也可以向公安机关报案或者依法向人民法院起诉。

单位、个人发现正在发生的家庭暴力行为，有权及时劝阻。

法律解析

家庭暴力不是家务事！有时候，受害人存在"家丑不可外扬”思想，不愿让外界知道自己遭受家暴；有时候，街坊邻居认为家暴只是家务事、“多一事不如少一事”，很少会主动报警，更不会出面指证。同学们要记住，家庭不是“法外之地”。家暴绝不是家务事，而是一种违法行为！如果不幸遭遇家暴，要及时寻求帮助；如果发现家暴事件，可以向身边的成年人反馈或者拨打 110 报警处理。既不做沉默的受害者，也不做冷眼的旁观者！

6. 家长可以打骂孩子吗？

案例

小刘下课期间在教室里打球，不小心砸破了教室里的玻璃窗。于是老师打电话通知小刘的爸爸，并沟通赔偿的问题。

回到家后，小刘的爸爸非常生气，把小刘暴打了一顿。结果小刘受伤被送进医院。医生检查后发现小刘身上的伤是人为的。于是医生立即报警。经法医鉴定，小刘系轻微伤。警察对小刘爸爸进行了训诫教育。

关联法条

《中华人民共和国反家庭暴力法》

第十二条　未成年人的监护人应当以文明的方式进行家庭教育，依法履行监护和教育职责，不得实施家庭暴力。

第十四条　学校、幼儿园、医疗机构、居民委员会、村民委员会、社会工作服务机构、救助管理机构、福利机构及其工作人员在工作中发现无民事行为能力人、限制民事行为能力人遭受或者疑似遭受家庭暴力的，应当及时向公安机关报案。公安机关应当对报案人的信息予以保密。

法律解析

“不打不成器”不是教育未成年人的正确方式。小刘爸爸的行为已经构成家庭暴力，应受到法律制裁。家暴不是家务事，学校老师、医院医生、村民委员会及居民委员会的工作人员在遇到类似情况时，应当依法予以制止，并履行强制报告义务；同学们如果不幸遭受家暴应当向上述人员寻求帮助，维护自己的合法权益。

7. 侵害被监护人？撤销监护资格！

陈某未婚生育一子小吕，小吕出生后被诊断患有多种疾病，治疗费用高昂且难以治愈。小吕生父因病身亡。陈某拒不履行监护义务，自小吕出生起便将其留在医院不予照料。

不久后，法院以遗弃罪判处陈某有期徒刑10个月。小吕被送至未成年人保护中心进行临时监护。鉴于陈某未尽监护职责，

未成年人保护中心向人民法院提起诉讼。人民法院最终撤销陈某的监护人资格，并指定当地儿童福利院作为小吕的监护人承担监护责任。之后，人民法院根据儿童福利院的起诉，判决陈某支付小吕的抚养费至其年满18周岁时止。

关联法条

《中华人民共和国反家庭暴力法》

第二十一条 监护人实施家庭暴力严重侵害被监护人合法权益的，人民法院可以根据被监护人的近亲属、居民委员会、村民委员会、县级人民政府民政部门等有关人员或者单位的申请，依法撤销其监护人资格，另行指定监护人。

被撤销监护人资格的加害人，应当继续负担相应的赡养、扶养、抚养费用。

法律解析

撤销父母监护权是国家保护未成年人合法权益的一项重要制度。并不是只有虐待未成年子女才会受到法律制裁，监护人长期不尽抚养义务，也会被剥夺监护权。父母作为未成年子女的法定监护人，若不履行监护职责，甚至对子女实施虐待、伤害或者其他侵害行为，再让其担任监护人将严重危害子女的身心健康，那就由国家或者他人代为行使监护权。

8. 共同生活的人之间实施暴力怎么办？

案例

2020年4月，黑龙江省发生一起四周岁女童遭受父亲女友多次虐打致重伤的案件。共同生活期间，父亲管教女童时，也曾用手、数据线、笤帚殴打女童。女童父亲及其女友因涉嫌虐待罪、故意伤害罪，已被警方刑事拘留。

关联法条

《中华人民共和国反家庭暴力法》

第三十七条　家庭成员以外共同生活的人之间实施的暴力行为，参照本法规定执行。

法律解析

《中华人民共和国反家庭暴力法》明确规定，家庭成员以外共同生活的人之间实施的暴力行为，参照本法规定执行。本案中，尽管父亲的女友不属于家庭成员，但属于和女童共同生活的人，其应对虐打女童的行为承担法律责任。全社会应当树立尊重、保护、教育未成年人的良好风尚，关心、爱护未成年人。

第十章
未成年人相关热点案例分析

1. 未成年人网络游戏充值、主播打赏等网络侵害

案例

几天前，小北在爸爸洗澡的时候偷拿爸爸的手机看短视频，给喜欢的主播打赏送礼物。事后爸爸收到短信通知才知道自己在短视频平台充值了四万多元，经查询得知是给一位名叫“爱吃巧克力的男孩子”的用户送了价值四万多元的礼物，送礼物的就是小北。

爸爸查看直播内容发现该主播以“榜一送手机”为由而诱导打赏。而小北恰巧知悉爸爸的手机支付密码，因而才能成功付款。后来爸爸与短视频平台的客服沟通，申请将充值的金额返回。

关联法条

《中华人民共和国民法典》

第十九条　八周岁以上的未成年人为限制民事行为能力人，实施民事法律行为由其法定代理人代理或者经其法定代理人同意、追认；但是，可以独立实施纯获利益的民事法律行为或者与其年龄、智力相适应的民事法律行为。

第二十条　不满八周岁的未成年人为无民事行为能力人，由其法定代理人代理实施民事法律行为。

《最高人民法院关于依法妥善审理涉新冠肺炎疫情民事案件若干问题的指导意见（二）》

9. 限制民事行为能力人未经其监护人同意，参与网络付费游戏或者网络直播平台“打赏”等方式支出与其年龄、智力不相适应的款项，监护人请求网络服务提供者返还该款项的，人民法院应予支持。

法律解析

近年来，我国网络支付技术和网络服务业发展迅速，未成年人沉溺网络现象广受关注。特别是疫情期间，部分缺少自制力的孩子利用网络学习的时机，为网络游戏或网络直播平台以充值、打赏等方式支付较大金额的款项。因此而发生的纠纷不断。

面对类似情况，网络平台应通过设置“青少年模式”、支付时的身份信息核验等多种方法和手段，积极履行其社会责任。同时，同学们应做到以下两点：

（1）不沉迷网络，不做与自身客观情况不符的消费行为。

（2）树立正确的消费观、价值观、人生观。

2. 性侵害未成年人零容忍

案例

小莉某天看到新闻中说：某市一男子为达到利用幼女供他人嫖宿牟利的目的，单独或与他人伙同作案，使用诱骗、劫持手段，将被害人小常（8 周岁）、有智力残疾的被害人小谢（13 周岁）、被害人小杜（10 周岁）拘禁在出租房内。其间该男子多次对 3 名被害人实施奸淫，并致小常轻伤，小杜轻微伤；还拍摄 3 名被害人裸体照片及视频；并通过 QQ 发布招嫖信息，强迫 3 名被害人卖淫。最终，人民法院以强奸罪、强迫卖淫罪、故意伤害罪对该男子数罪并罚，决定执行死刑，剥夺政治权利终身，并处罚金。

《中华人民共和国刑法》

第二百三十六条　以暴力、胁迫或者其他手段强奸妇女的，处三年以上十年以下有期徒刑。

奸淫不满十四周岁的幼女的，以强奸论，从重处罚。

强奸妇女、奸淫幼女，有下列情形之一的，处十年以上有期徒刑、无期徒刑或者死刑：

（一）强奸妇女、奸淫幼女情节恶劣的；

（二）强奸妇女、奸淫幼女多人的；

（三）在公共场所当众强奸妇女的；

（四）二人以上轮奸的；

（五）致使被害人重伤、死亡或者造成其他严重后果的。

第三百五十八条第一款、第二款、第三款　组织、强迫他人卖淫的，处五年以上十年以下有期徒刑，并处罚金；情节严重的，处十年以上有期徒刑或者无期徒刑，并处罚金或者没收财产。

组织、强迫未成年人卖淫的，依照前款的规定从重处罚。

犯前两款罪，并有杀害、伤害、强奸、绑架等犯罪行为的，依照数罪并罚的规定处罚。

法律解析

近年来，性侵未成年人的事件时有发生，引发全社会的热议和共愤，加强未成年人防性侵的安全教育变得非常重要。全社会要共同努力，杜绝性侵未成年人的恶性事件发生。面对类似情况，同学们应该做到以下几点：

（1）学会自我保护，提高辨别能力，不轻信陌生人，不轻信网络信息。

（2）离家外出时，告知家人去向及同行人信息。

（3）若不幸遭遇拐骗，应沉着冷静，熟记周边环境，寻找向外界求助的机会。

（4）父母不在场的情况下，不让异性触碰自己的身体。

（5）学习必要的性启蒙知识。

3. 向校园欺凌说“不”

案例

2017年某日，北京市某职业学院的一名女学生小朱，伙同另外四名女生在学校女生宿舍楼内，采取恶劣手段，无故殴打、辱骂同校的两名女学生。还脱光了一名被欺凌女学生的衣服予以羞辱，并用手机拍摄了羞辱、殴打视频，事后还在自己的微信群内小范围进行了传播。其中一名被害人，当天先后被殴打

了三次。经鉴定，两名被害人均构成轻微伤；其中一名被害人精神抑郁，无法正常生活、学习。最后法院依法对几名被告人以寻衅滋事罪定罪量刑。

关联法条

《中华人民共和国刑法》

第二百九十三条　有下列寻衅滋事行为之一，破坏社会秩序的，处五年以下有期徒刑、拘役或者管制：

（一）随意殴打他人，情节恶劣的；

（二）追逐、拦截、辱骂、恐吓他人，情节恶劣的；

（三）强拿硬要或者任意损毁、占用公私财物，情节严重的；

（四）在公共场所起哄闹事，造成公共场所秩序严重混乱的。

纠集他人多次实施前款行为，严重破坏社会秩序的，处五年以上十年以下有期徒刑，可以并处罚金。

法律解析

“校园欺凌”是一个严肃且严重的社会问题，它和学生之间的打闹嬉戏是不同的。校园欺凌多表现为肢体欺凌、言语欺凌、社交欺凌和网络欺凌。受欺凌的同学应该通过以下方式保护自己：

（1）学会自我保护，抵制校园暴力，用正当合法且有效的方式保护自己。

（2）树立自信，相信自己，不要自卑。

（3）锻炼身体，提高个人身体素质。

（4）平等社交，与同学、朋友建立平等的关系，不巴结，不贬低。

（5）及时向老师、家长或身边人求救，说出自己面临的困境。

4. 远离毒品

案例

某市公安专案组在前期侦查过程中发现，吸食“笑气”的人员中有不少低龄女性，她们深陷泥潭无法自拔，迫于吸食“笑气”的沉重经济负担，只好走上了“卖身”的不归路。

小芳就是这样一个女孩，为了负担每天上百瓶“笑气”的

开销，她不惜出卖自己的“身体”，多次利用网络招嫖。更让警方震惊的是，小芳凭借自己的“渠道”和“资源”，拉上一众“小姐妹”打着“学生妹”陪吸的旗号，以 2000—4000 元的价格提供性服务。小芳则从中赚取每次 500 元的提成。

最终小芳付出了沉重的代价，花样之年就疾病缠身，等待她的不仅有法律的制裁，更有终生病痛的折磨和无尽的悔恨。

《中华人民共和国治安管理处罚法》

第七十二条　有下列行为之一的，处十日以上十五日以下拘留，可以并处二千元以下罚款；情节较轻的，处五日以下拘留或者五百元以下罚款：

（一）非法持有鸦片不满二百克、海洛因或者甲基苯丙胺不满十克或者其他少量毒品的；

（二）向他人提供毒品的；

（三）吸食、注射毒品的；

（四）胁迫、欺骗医务人员开具麻醉药品、精神药品的。

法律解析

吸毒极易成瘾，对身体有害，会给家庭带来沉重经济负担。吸毒还会导致违法犯罪活动。未成年人可以从以下几点，学会自我保护，拒绝毒品：

（1）接受毒品基本知识和禁毒法律法规教育，了解毒品的危害，懂得“吸毒一口，掉入虎口”的道理。

（2）树立正确的人生观、价值观，自尊自爱，不盲目寻求刺激。

（3）不结交有吸毒、贩毒行为的人。如发现亲朋好友中有吸毒、贩毒行为的人，一定要劝阻、远离并报告公安机关。

（4）不进歌舞厅，决不吸食摇头丸等兴奋剂。

5. 保护未成年人知识产权

案例

去年小芳参加了学校举办的第三届校园诗人大赛，在比赛中所写的作品获得第一名。最近，小芳在阅读诗词杂志的时候发现，自己比赛时写的诗竟刊登在了杂志上。于是小芳告诉妈妈，妈妈反问小芳学校是否跟她提及将作品刊登在杂志上的事，小芳说没有。妈妈告诉小芳，学校在没有告知的情况下私自将

她的作品刊登是侵犯个人知识产权的行为。遇到这种行为一定要主动维权，保护自己的知识成果。

关联法条

《中华人民共和国著作权法》

第二条第一款　中国公民、法人或者非法人组织的作品，不论是否发表，依照本法享有著作权。

第三条第一项　本法所称的作品，是指文学、艺术和科学领域内具有独创性并能以一定形式表现的智力成果，包括：

（一）文字作品；

第十一条第一款、第二款　著作权属于作者，本法另有规定的除外。

创作作品的自然人是作者。

法律解析

著作权属于知识产权。学校的行为已经构成侵犯著作权，应当承担法律责任。未成年人可以从以下几点，学会自我保护，防止著作权被侵犯：

（1）增强著作权保护意识，提高著作权运用和保护的能力。

（2）积极举报涉及侵犯著作权的违法行为，主动配合政府做好对侵犯著作权违法行为的遏制、查处和打击工作。

（3）积极参与宣传保护著作权的社会活动，与社会各界共同致力于著作权事业的健康发展。

6. 未成年人隐私保护

案例

吃晚饭的时候，小东妈妈接到自称补习机构员工的电话。该员工称知道小东考试在即，并说小东数学偏科，建议小东报补习班。妈妈觉得很奇怪就把电话挂断了。小东告诉妈妈，前几天学校派发了“调查问卷”，让同学们填写自己的弱势学科和电话号码等个人信息。随后小东妈妈打电话向学校核实，发现是学校里一位老师将学生们填写的个人信息泄露给了某补习机构。后来学校决定对这位老师作出处分。

《中华人民共和国未成年人保护法》

第六十三条　任何组织或者个人不得隐匿、毁弃、非法删除未成年人的信件、日记、电子邮件或者其他网络通讯内容。

除下列情形外，任何组织或者个人不得开拆、查阅未成年人的信件、日记、电子邮件或者其他网络通讯内容：

（一）无民事行为能力未成年人的父母或者其他监护人代未成年人开拆、查阅；

（二）因国家安全或者追查刑事犯罪依法进行检查；

（三）紧急情况下为了保护未成年人本人的人身安全。

第一百零三条　公安机关、人民检察院、人民法院、司法行政部门以及其他组织和个人不得披露有关案件中未成年人的姓名、影像、住所、就读学校以及其他可能识别出其身份的信息，但查找失踪、被拐卖未成年人等情形除外。

未成年人具有隐私权。家长和学校在教育未成年人时，应该注意避免侵犯未成年人的隐私权。即使是家人也不能随意侵犯未成年人的隐私权。在本案例中，学校老师的行为已经侵犯了未成年人的隐私权，应当承担法律责任。